Impressum
Verlag: BABADADA GmbH, Nedderfeld 112 , 22529 Hamburg
Geschäftsführer / Verlagsleitung: Harald Hof
Druck: Books on Demand GmbH, In de Tarpen 42, 22848 Norderstedt

Imprint
Publisher: BABADADA GmbH, Nedderfeld 112 , 22529 Hamburg, Germany
Managing Director / Publishing direction: Harald Hof
Print: Books on Demand GmbH, In de Tarpen 42, 22848 Norderstedt

l'école
ໂຮງຮຽນ

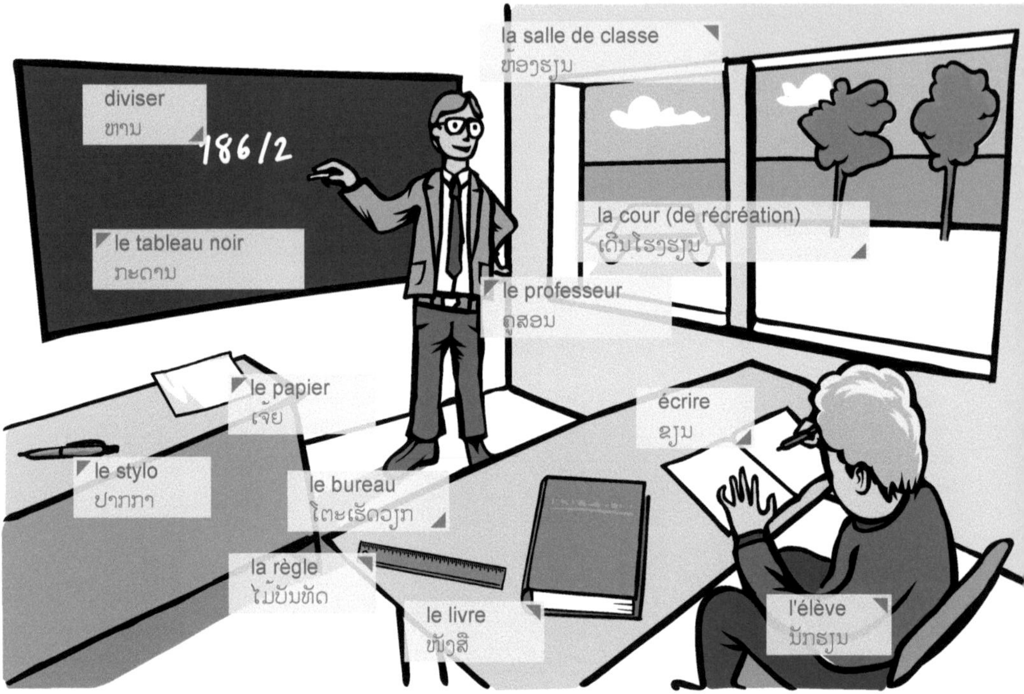

la salle de classe
ຫ້ອງຮຽນ
diviser
ຫານ
186/2
le tableau noir
ກະດານ
la cour (de récréation)
ເດີ່ນໂຮງຮຽນ
le professeur
ຄູສອນ
le papier
ເຈ້ຍ
écrire
ຂຽນ
le stylo
ປາກກາ
le bureau
ໂຕະເຮັດວຽກ
la règle
ໄມ້ບັນທັດ
le livre
ໜັງສື
l'élève
ນັກຮຽນ

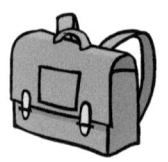

le cartable

ກະເປົາໃສ່ປື້ມທີ່ມີສາຍພາຍ

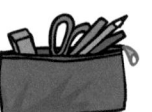

la trousse

ກັບສໍດໍາ

le crayon

ສໍດໍາ

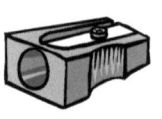

le taille-crayon

ເຄື່ອງແຫຼມສໍ

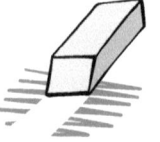

la gomme

ຢາງລຶບ

le carnet à dessin

ສະໝຸດແຕ້ມຮູບ

le dessin

ພາບວາດ

le pinceau

ແປງທາສີ

la boîte de peinture

ກ່ອງສີ

les ciseaux

ມິດຕັດ

la colle

ກາວ

le cahier d'exercices

ປື້ມເຝິກຫັດ

les devoirs

ວຽກບ້ານ

le chiffre

ຕົວເລກ

additionner

ບວກ

soustraire

ລົບ

multiplier

ຄູນ

calculer

ຄິດໄລ່

la lettre

ຕົວອັກສອນ

l'alphabet

ພະຍັນຊະນະ

le mot

ຄໍາສັບ

le texte

ຂໍ້ຄວາມ

lire

ອ່ານ

la craie

ຊອກຂາວ

la leçon

ບົດຮຽນ

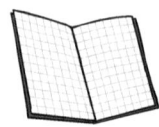

le livre de classe

ລິງທະບຽນ

l'examen

ການສອບເສັງ

le certificat

ໃບຢັ້ງຢືນ

l'uniforme scolaire

ຊຸດນັກຮຽນ

la formation

ການສຶກສາ

le lexique

ປຶ້ມຮວບຮວມຄວາມຮູ້ສາລະພັດ

l'université

ມະຫາວິທະຍາໄລ

le microscope

ກ້ອງຈຸລະທັດ

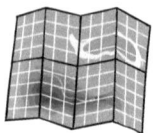

la carte

ແຜນທີ່

la corbeille à papier

ກະຕ່າໃສ່ເສດເຈ້ຍ

le voyage
ການທ່ອງທ່ຽວ

l'hôtel
ໂຮງແຮມ
Grand
l'auberge
ໂຮສເທລ
ROOMS
le bureau de change
ຫ້ອງແລກປ່ຽນເງິນຕາ
CHANGE
la valise
ກະເປົາເດີນທາງ
la voiture
ລົດຍົນ

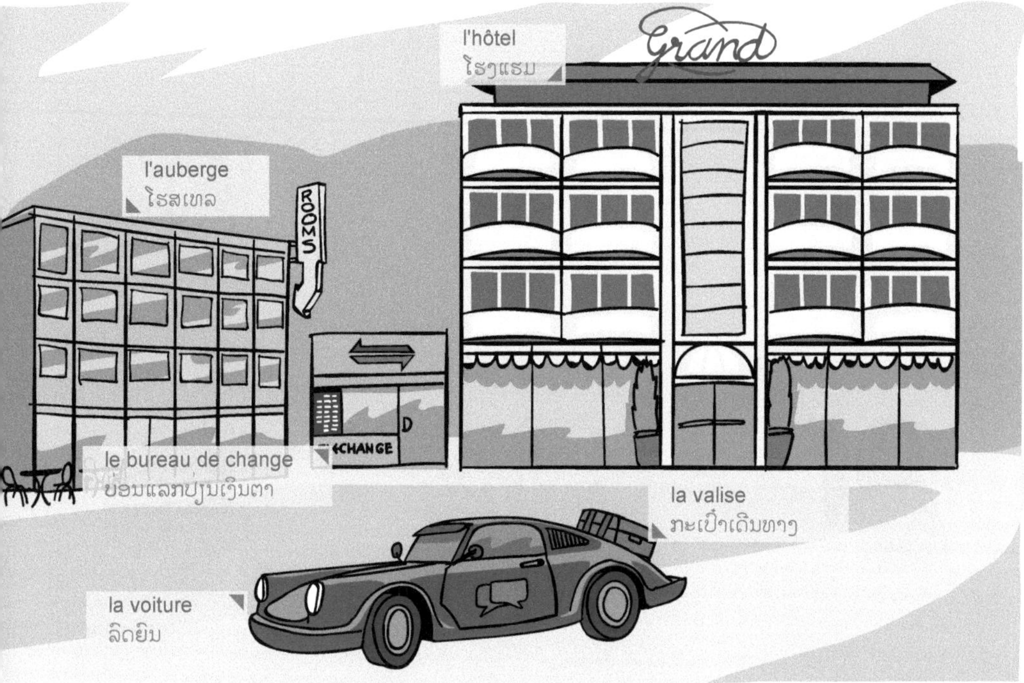

la langue
ພາສາ

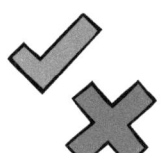

oui / non
ແມ່ນ / ບໍ່ແມ່ນ

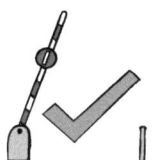

d'accord
ຕົກລົງ

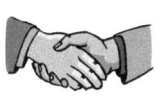

Salut
ສະບາຍດີ

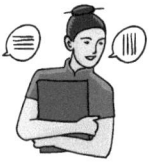

l'interprète
ນັກແປພາສາ

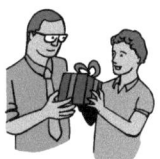

merci
ຂອບໃຈ

Combien coûte...?

ລາຄາເທົ່າໃດ...?

Je ne comprends pas

ຂ້ອຍບໍ່ເຂົ້າໃຈ

le problème

ບັນຫາ

Bonsoir !

ສະບາຍດີຕອນແລງ!

Bonjour !

ສະບາຍດີຕອນເຊົ້າ!

Bonne nuit !

ລາຕິສະຫວັດ

Au revoir

ລາກ່ອນ

la direction

ທິດທາງ

les bagages

ກະເປົາເດີນທາງ

le sac

ກະເປົາ

le sac-à-dos

ກະເປົາພາຍຫຼັງ

l'hôte

ແຂກ

la pièce

ຫ້ອງ

le sac de couchage

ຖົງໃສ່ເຄື່ອງນອນ

la tente

ເຕັ້ນ

l'office de tourisme

ຂໍ້ມູນນັກທ່ອງທ່ຽວ

la plage

ຫາຍຫາດ

la carte de crédit

ບິດເຄຣດິດ

le petit-déjeuner

ອາຫານເຊົ້າ

le déjeuner

ອາຫານທ່ຽງ

le dîner

ອາຫານແລງ

le billet

ປີ້

l'ascenseur

ລິຟ

le timbre

ສະແຕມ

la frontière

ພິມແດນ

la douane

ພາສີ

l'ambassade

ສະຖານທູດ

le visa

ວີຊາ

le passeport

ໜັງສືຜ່ານແດນ

le transport
ຂົນສົ່ງ

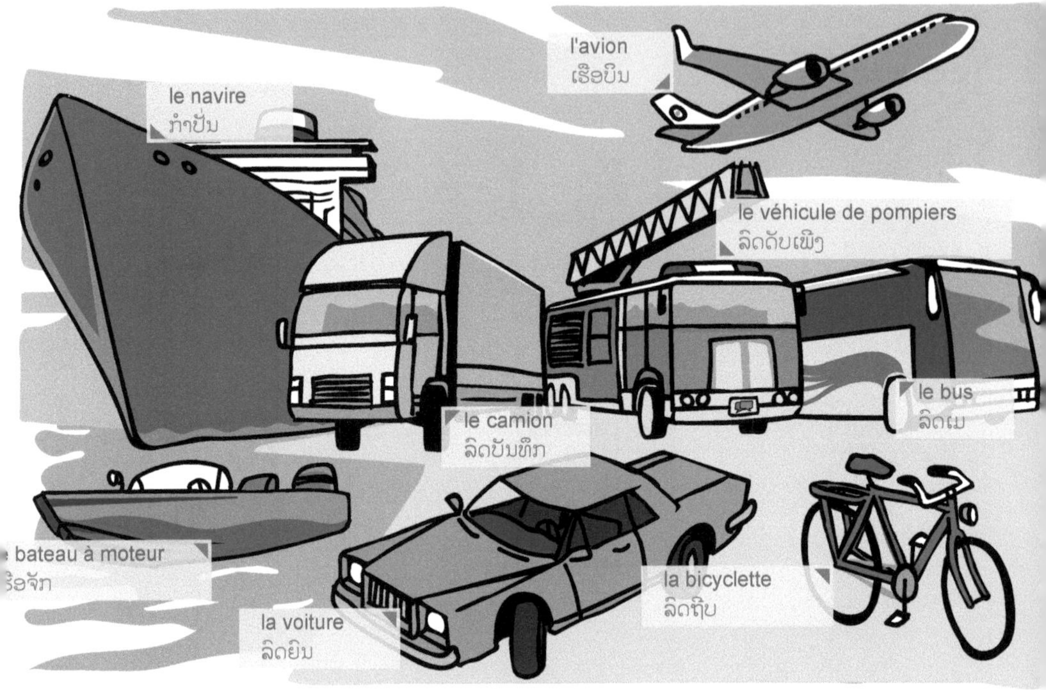
l'avion
ເຮືອບິນ
le navire
ກຳປັ່ນ
le véhicule de pompiers
ລົດດັບເພີງ
le bus
ລົດເມ
le camion
ລົດບັນທຶກ
bateau à moteur
ຮືອຈັກ
la bicyclette
ລົດຖີບ
la voiture
ລົດຍົນ

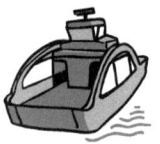

le ferry

ເຮືອຂ້າມຟາກ

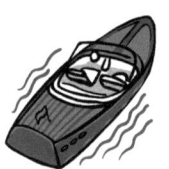

la barque

ເຮືອ

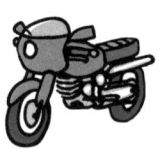

la moto

ລົດຈັກ

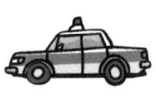

la voiture de police

ລົດຕຳຫຼວດ

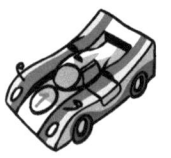

la voiture de course

ລົດແຂ່ງ

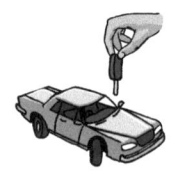

la voiture de location

ລົດເຊົ່າ

l'auto-partage

ການແບ່ງປັນກັນໃຊ້ລົດ

la voiture de remorquage

ລົດລາກ

la benne à ordures

ລົດຂົນຂີ້ເຫຍື້ອ

le moteur

ເຄື່ອງຢົນ

l'essence

ເຊື້ອໄຟ

la station d'essence

ປ້ຳນ້ຳມັນ

le panneau indicateur

ປ້າຍຈາລະຈອນ

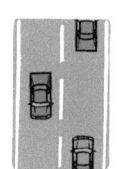

le trafic

ການຈາລະຈອນ

l'embouteillage

ການຈາລະຈອນຕິດຂັດ

le parking

ບ່ອນຈອດລົດ

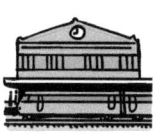

la gare

ສະຖານີລົດໄຟ

les rails

ລາງລົດໄຟ

le train

ລົດໄຟ

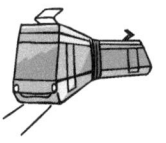

le tramway

ລົດລາງ

le wagon

ຕູ້ລົດໄຟ

l'hélicoptère

ເຮລິຄອບເຕີ

l'aéroport

ສະໜາມບິນ

la tour

ຫໍຄອຍ

le passager

ຜູ້ໂດຍສານ

le conteneur

ຕູ້ບັນຈຸສິນຄ້າ

le carton

ກ່ອງເຈ້ຍ

le chariot

ກວຽນ

la corbeille

ກະຕ່າ

décoller / atterrir

ເຮືອບິນຂຶ້ນ / ເຮືອບິນລົງຈອດ

la ville

ເມືອງ

le village

ບ້ານ

le centre-ville

ໃຈກາງເມືອງ

la maison

ເຮືອນ

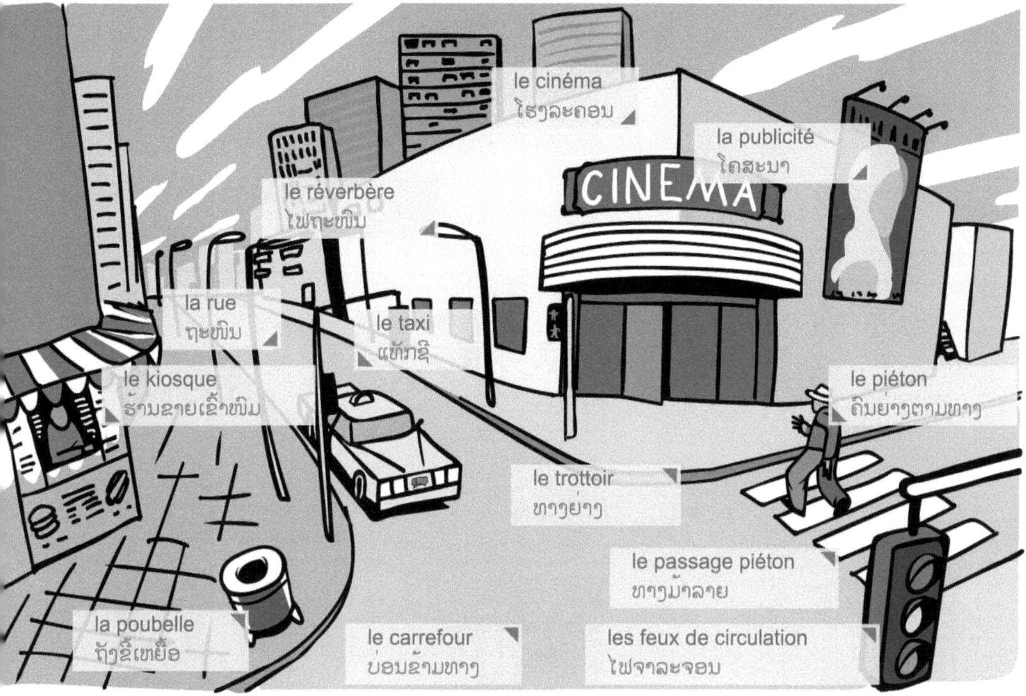

le cinéma
ໂຮງລະຄອນ
la publicité
ໂຄສະນາ
CINEMA
le réverbère
ໄຟຖະໜົນ
la rue
ຖະໜົນ
le taxi
ແທັກຊີ
le kiosque
ຮ້ານຂາຍເຂົ້າໜົມ
le piéton
ຄົນຍ່າງຕາມທາງ
le trottoir
ທາງຍ່າງ
le passage piéton
ທາງມ້າລາຍ
la poubelle
ຖັງຂີ້ເຫຍື້ອ
le carrefour
ບ່ອນຂ້າມທາງ
les feux de circulation
ໄຟຈາລະຈອນ

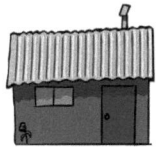

la cabane
ຕູບ

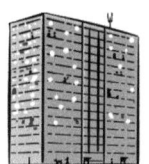

l'appartement
ແຟລດ

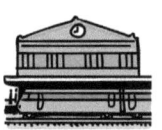

la gare
ສະຖານີລົດໄຟ

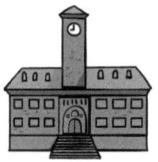

la mairie
ໂຮງການເມືອງ

MUSEUM
le musée
ຫໍພິພິດຕະພັນ

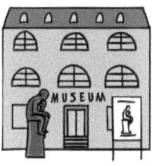

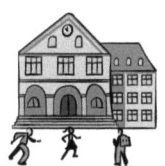

l'école
ໂຮງຮຽນ

l'université

ມະຫາວິທະຍາໄລ

la banque

ທະນາຄານ

l'hôpital

ໂຮງໝໍ

l'hôtel

ໂຮງແຮມ

la pharmacie

ຮ້ານຂາຍຢາ

le bureau

ຫ້ອງການ

la librairie

ຮ້ານຂາຍໜັງສື

le magasin

ຮ້ານຄ້າ

le fleuriste

ຮ້ານຂາຍດອກໄມ້

le supermarché

ຊຸບເປີມາກເກັດ

le marché

ຕະຫຼາດ

le grand magasin

ຫ້າງສັບພະສິນຄ້າ

la poissonnerie

ຮ້ານຂາຍປາ

le centre commercial

ສູນການຄ້າ

le port

ທ່າເຮືອ

le parc

ສວນສາທາລະນະ

la banque

ແປ້ນມ້າ

le pont

ຂົວ

les escaliers

ຂັ້ນໃດ

le métro

ລົດໄຟໃຕ້ດິນ

le tunnel

ອຸໂມງ

l'arrêt de bus

ປ້າຍລົດເມ

le bar

ຮ້ານຂາຍເຫຼົ້າ

le restaurant

ຮ້ານອາຫານ

la boîte à lettres

ຕູ້ໄປສະນີ

le panneau indicateur

ປ້າຍຊື່ຖະໜົນ

le parcmètre

ມິເຕີເກັບຄ່າຝາກລົດ

le zoo

ສວນສັດ

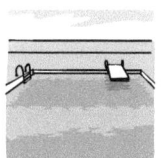

le réverbère

ສະລ່ວຍນ້ຳ

la mosquée

ວັດມຸດສະລິມ

la ville - ເມືອງ

la ferme
ຟາມ

la pollution
ມົນລະພິດ

la cimetière
ສຸສານ

l'église
ໂບດ

l'aire de jeux
ເດີ່ນຫຼິ້ນຂອງເດັກນ້ອຍ

le temple
ວັດມຸດສະລິມ

le paysage
ພູມິປະເທດ

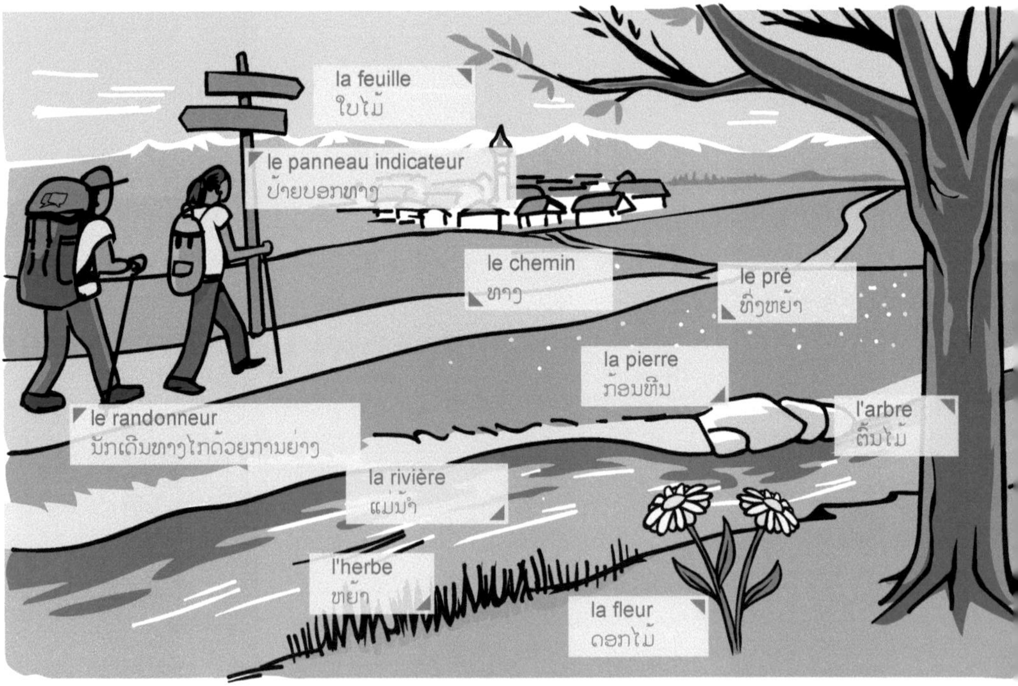

la feuille
ໃບໄມ້

le panneau indicateur
ປ້າຍບອກທາງ

le chemin
ທາງ

le pré
ທີ່ງຫຍ້າ

la pierre
ກ້ອນຫິນ

l'arbre
ຕົ້ນໄມ້

le randonneur
ນັກເດີນທາງໄກດ້ວຍການຍ່າງ

la rivière
ແມ່ນ້ຳ

l'herbe
ຫຍ້າ

la fleur
ດອກໄມ້

la vallée

ຮ່ອມພູ

la montagne

ເນີນເຂົາ

le lac

ທະເລສາບ

la forêt

ປ່າ

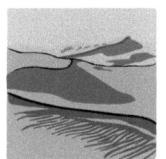

le désert

ທະເລຊາຍ

le volcan

ພູເຂົາໄຟ

le château

ທໍປະສາດ

l'arc-en-ciel

ຮຸ້ງກິນນ້ຳ

le champignon

ເຫັດ

le palmier

ຕົ້ນປາມ

le moustique

ຍຸງ

la mouche

ແມງວັນ

les fourmis

ມົດ

l'abeille

ເຜີ້ງ

l'araignée

ແມງມຸມ

le coléoptère

ແມງປັກແຂງ

la grenouille

ກົບ

l'écureuil

ກະຮອກ

le hérisson

ເໝັ້ນ

le lièvre

ກະຕ່າຍປ່າ

la chouette

ນົກເຄົ້າ

l'oiseau

ນົກ

le cygne

ຫົງ

le sanglier

ໝູປ່າຕົວຜູ້

le cerf

ກວາງ

l'élan

ກວາງໃຫຍ່

le barrage

ເຂື່ອນ

l'éolienne

ຂຍາກາປັ່ນ

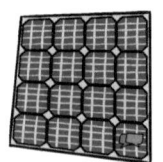

le panneau solaire

ແຜງໂຊລາເຊລ

le climat

ສະພາບອາກາດ

le restaurant
ຮານອາຫານ

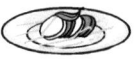

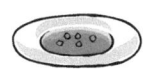

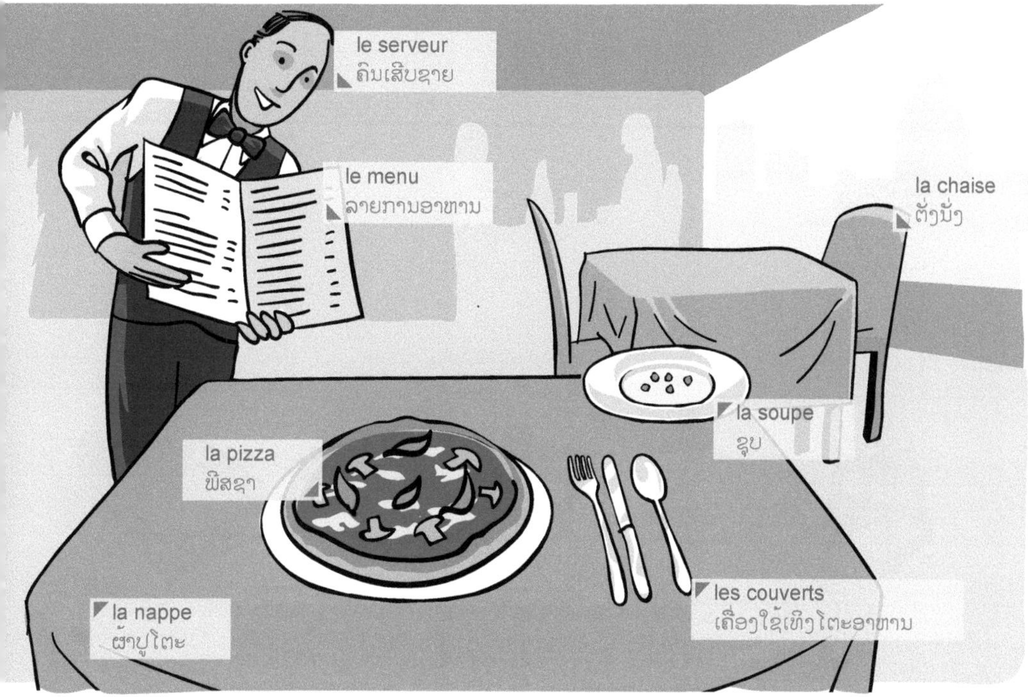
le serveur
ຄົນເສີບຊາຍ
le menu
ລາຍການອາຫານ
la chaise
ຕັ່ງນັ່ງ
la soupe
ຊຸບ
la pizza
ພິສຊາ
la nappe
ຜ້າປູໂຕະ
les couverts
ເຄື່ອງໃຊ້ເທິງໂຕະອາຫານ

les hors d'œuvre
ອາຫານເລີ່ມຕົ້ນ

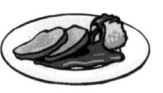

le plat principal
ອາຫານຈານຫຼັກ

le dessert
ຂອງຫວານ

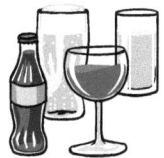

les boissons
ເຄື່ອງດື່ມ

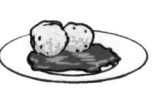

l'alimentation
ອາຫານ

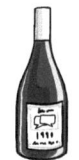

la bouteille
ຂວດແກ້ວ

le fast-food

ອາຫານຈານດ່ວນ

les plats à emporter

ອາຫານຫໍ່ໃສ່ຖົງ

la théière

ເຕົ້ານ້ຳຊາ

le sucrier

ຖ້ວຍນ້ຳຕານ

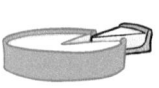

la portion

ຊ້ອນແບ່ງອາຫານສຳລັບໜຶ່ງຄົນ

la machine à expresso

ເຄື່ອງຊົງກາເຟເອສເປຣສໂຊ

la chaise haute

ເກົ້າອີ້ສູງ

la facture

ໃບເກັບເງິນ

le plateau

ຖາດ

le couteau

ມີດ

la fourchette

ສ້ອມ

la cuillère

ບ່ວງ

la cuillère à thé

ຊ້ອນຊາ

la serviette

ຜ້າເຊັດປາກຢູ່ໂຕະອາຫານ

le verre

ຈອກແກ້ວ

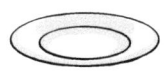

l'assiette

ຈານ

l'assiette à soupe

ຈານຊຸບ

la soucoupe

ຈານຮອງ

la sauce

ຊອສ

la salière

ກະປຸກເກືອ

le moulin à poivre

ກະປຸກພິກໄທ

le vinaigre

ນ້ຳສົ້ມສາຍຊູ

l'huile

ນ້ຳມັນພືດ

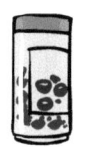

les épices

ເຄື່ອງເທດ

le ketchup

ຊອສໝາກເດັ່ນ

la moutarde

ຜັກຈຳພວກຜັກກາດ

la mayonnaise

ມາຍອນເນສ

le supermarché
ຊູບເປີມາກເກັດ

l'offre promotionnelle
ຂໍ້ສະເໜີພິເສດ
FOR
le client
ລູກຄ້າ
les produits laitiers
ຜະລິດຕະພັນທີ່ເຮັດຈາກນົມ
les fruits
ໝາກໄມ້
le chariot
ລົດຊຸກ

BUTCHERS

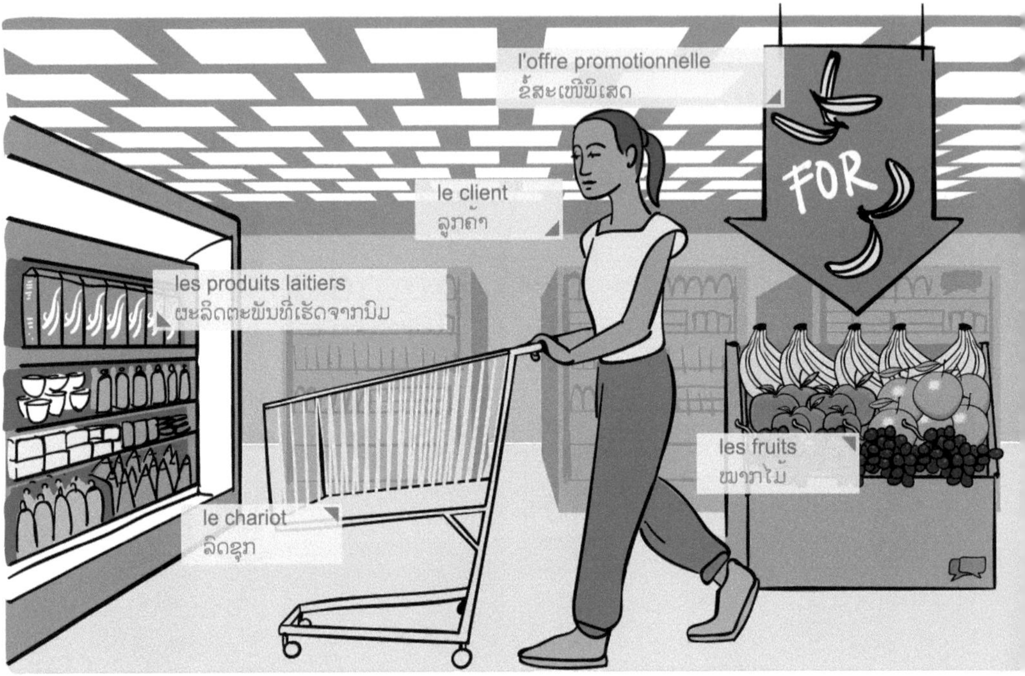

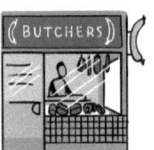

la boucherie
ຮ້ານຂາຍຊີ້ນ

BAKERY

la boulangerie
ຮ້ານຂາຍເຂົ້າໜົມປັງ

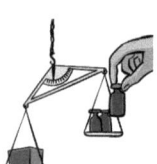

peser
ຊັ່ງນ້ຳໜັກ

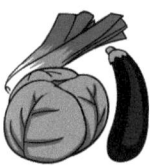

les légumes
ຜັກ

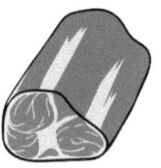

la viande
ຊີ້ນ

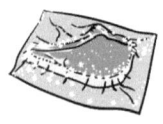

les aliments surgelés
ອາຫານແຊ່ແຂງ

la charcuterie
ຊິ້ນເຢັນ

les conserves
ອາຫານກະປ໋ອງ

la poudre à lessive
ແຝ່ບຊັກເຄື່ອງ

les bonbons
ເຂົ້າໜົມຫວານ

les articles ménagers
ຜະລິດຕະພັນໃນຄົວເຮືອນ

les détergents
ຜະລິດຕະພັນທຳຄວາມສະອາດ

la vendeuse
ພະນັກງານຂາຍຍິງ

la caisse
ເຄື່ອງຄິດເງິນ

le caissier
ພະນັກງານເກັບສິດ

la liste d'achats
ລາຍການຊື້ເຄື່ອງ

les heures d'ouverture
ເວລາເປີດເຮັດວຽກ

le portefeuille
ກະເປົາເງິນ

la carte de crédit
ບັດເຄຣດິດ

le sac
ຖົງ

le sac en plastique
ຖົງຢາງ

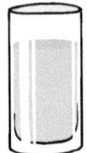

l'eau

ນ້ຳ

le jus de fruit

ນ້ຳໝາກໄມ້

le lait

ນົມ

le coca

ໂຄກ

le vin

ວາຍ

la bière

ເບຍ

l'alcool

ເຫຼົ້າ

le chocolat chaud

ໂກໂກ້

le thé

ຊາ

le café

ກາເຟ

l'expresso

ເອສເປຣສໂຊ

le cappuccino

ຄາປູຊິໂນ

la banane

ໝາກກ້ວຍ

la pomme

ແອັບເປັ້ນ

l'orange

ໝາກກ້ຽງ

le melon

ໝາກໂມ

le citron.

ໝາກນາວ

la carotte

ຫົວກະຮິດ

l'ail

ຜັກທຽມ

le bambou

ຕົ້ນໄຜ່

l'oignon

ຫອມບົ່ວ

le champignon

ເຫັດ

les noisettes

ຖົ່ວ

les pâtes

ເສັ້ນໝີ່

les spaghetti

ສະປາແກັດຕີ້

le riz

ເຂົ້າ

la salade

ສະຫຼັດ

les pommes frites

ມັນຝຣັ່ງທອດ

les pommes de terre rôties

ມັນຝຣັ່ງທອດ

la pizza

ພິສຊາ

le hamburger

ແຮມເບີເກີ້

le sandwich

ແຊນວິດຈ໌

l'escalope

ຊີ້ນຕິດກະດູກ

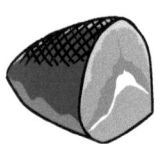

le jambon

ແຮມ

le salami

ໄສ້ກອກແຫ້ງຊາລາມິ

la saucisse

ໄສ້ກອກ

le poulet

ໄກ່

le rôti

ຢ້າງ

le poisson

ປາ

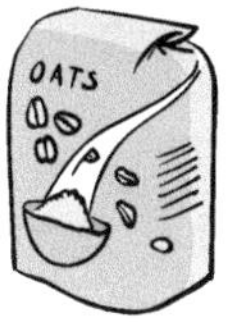

les flocons d'avoine

ເຂົ້າປຽກເຂົ້າໂອດ

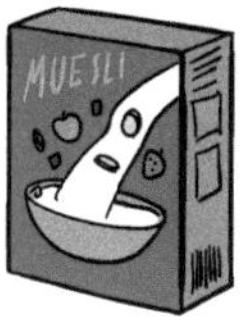

le muesli

ອາຫານຊະນິດເປັນເມັດກອບ

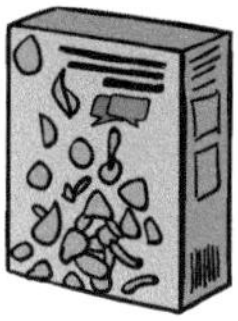

les cornflakes

ເຂົ້າຊຽບເປັນປ່ຽງນ້ອຍໆ

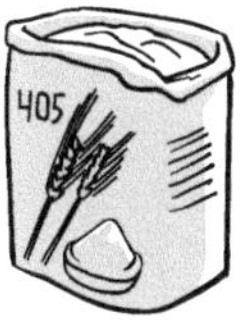

la farine

ເຂົ້າແປ້ງ

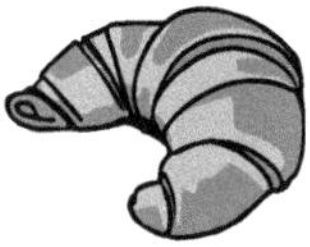

le croissant

ເຂົ້າຈີ່ຊະນິດໜຶ່ງມີຮູບເດືອນເຄິ່ງໜວຍ

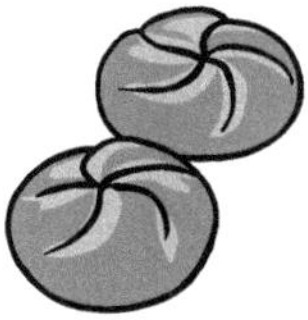

les petits-pains

ເຂົ້າໜົມປັງແບບມ້ວນ

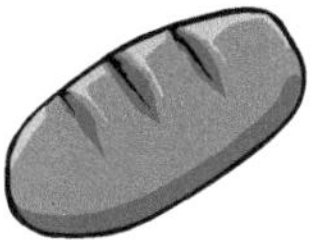

le pain

ເຂົ້າໜົມປັງ

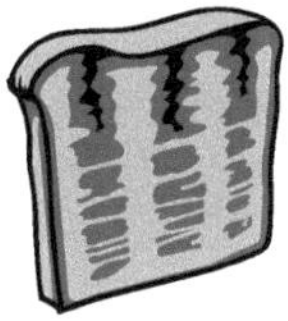

le pain grillé

ເຂົ້າໜົມປັງປີ້ງ

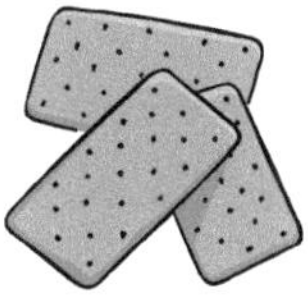

les biscuits

ເຂົ້າໜົມປັງຊະນິດກ້ອນນ້ອຍ

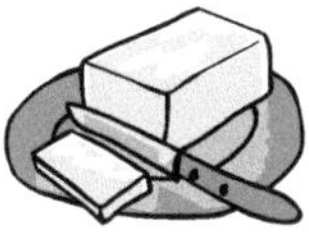

le beurre

ເນີຍ

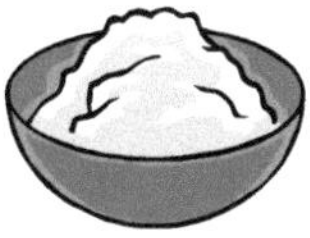

le fromage blanc

ນ້ຳນົມແຂ້ນ

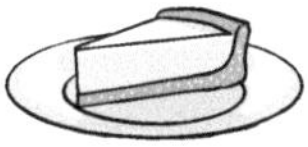

le gâteau

ເຄກ

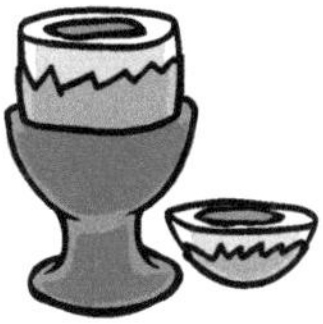

l'œuf

ໄຂ່

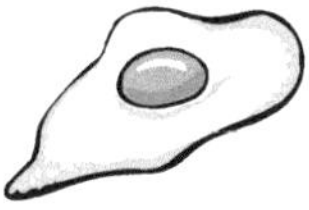

l'œuf au plat

ໄຂ່ດາວ

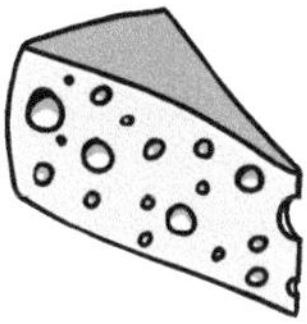

le fromage

ເນີຍແຂງ

la glace

ກະແລ້ມ

le sucre

ນ້ຳຕານ

le miel

ນ້ຳເຜີ້ງ

la confiture

ແຍມ

la crème nougat

ຊ້ອກໂກແລັດຄຣິມສະເປຣຄ

le curry

ກະລີ່

la ferme
ຟາມ

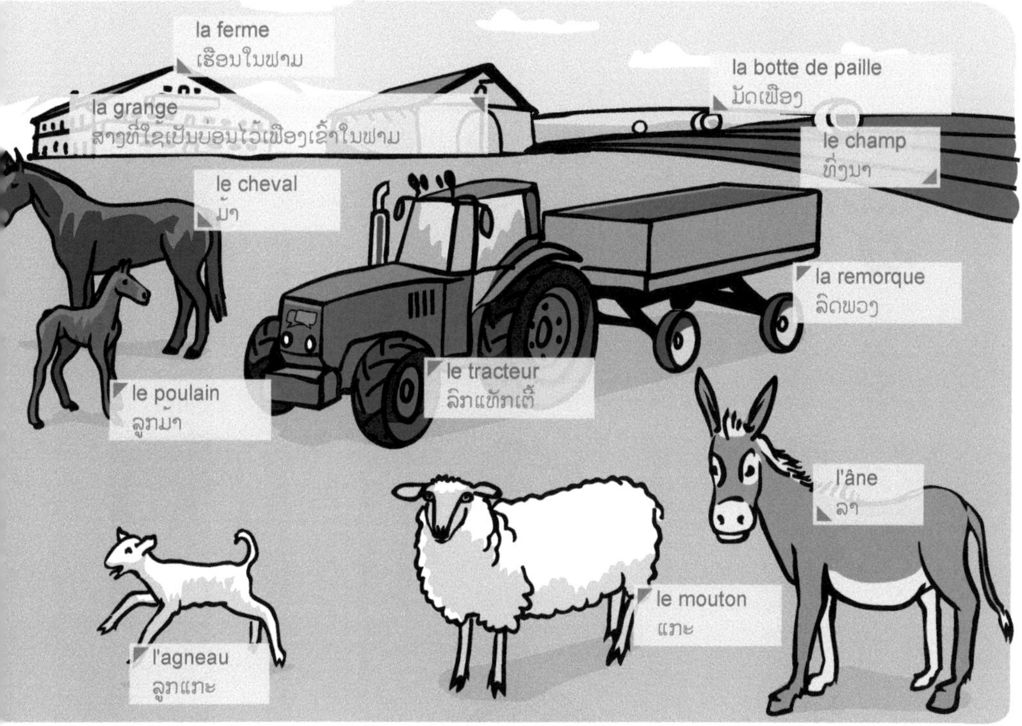
la ferme
ເຮືອນໃນຟາມ
la grange
ສາງທີ່ໃຊ້ເປັນບ່ອນໄວ້ເຟືອງເຂົ້າໃນຟາມ
la botte de paille
ມັດເຟືອງ
le champ
ທົ່ງນາ
le cheval
ມ້າ
la remorque
ລົດພ່ວງ
le tracteur
ລົດແທັກເຕີ້
le poulain
ລູກມ້າ
l'âne
ລາ
le mouton
ແກະ
l'agneau
ລູກແກະ

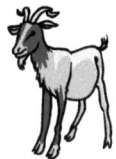

la chèvre

ແກະ

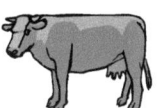

la vache

ງົວຕົວແມ່

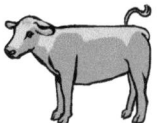

le veau

ລູກງົວ

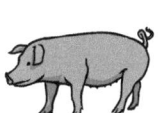

le porc

ໝູ

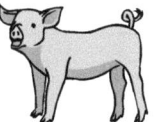

le porcelet

ລູກໝູ

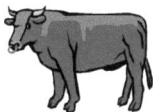

le taureau

ງົວຕົວຜູ້

l'oie
ຫ່ານ

le canard
ເປັດ

le poussin
ລູກໄກ່

la poule
ແມ່ໄກ່

le coq
ໄກ່ຜູ້

le rat
ໜູ

le chat
ແມວ

la souris
ໜູ

le bœuf
ງົວຕົວຜູ້

le chien
ໝາ

le chenil
ຄອກໝາ

le tuyau de jardin
ສາຍທໍ່ຢາງທີ່ໃຊ້ໃນສວນ

l'arrosoir
ຂ້ອງຫົດຕົ້ນໄມ້

la faucheuse
ກ່ຽວດ້າມຍາວ

la charrue
ຄັນໄຖ

la faucille

ກ⍑ຽວ

la pioche

ຈົກ

la fourche

ຄາດ

la hache

ຂວານ

la brouette

ລົດຍູ້ລໍ້ງວ

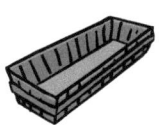

la cuve

ທາງລົມ

le pot à lait

ປ່ອງນົມ

le sac

ກະສອບ

la clôture

ຮົ້ວ

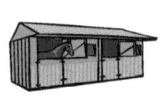

l'étable

ຄອກມ້າ

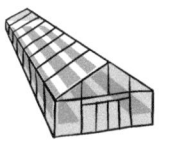

le serre

ເຮືອນກະຈົກ

le sol

ດິນ

les semences

ແກ⍑ນ

l'engrais

ບຸ໋ຍ

la moissonneuse-batteuse

ເຄື່ອງກ⍑ຽວເຂົ້າ

la ferme - ຟາມ

récolter

ເກັບກ່ຽວ

la récolte

ການເກັບກ່ຽວ

l'igname

ເຜືອກ

le blé

ເຂົ້າສາລິ

le soja

ຖົ່ວເຫຼືອງ

la pomme de terre

ມັນຝ້ຳ

le maïs

ເຂົ້າໂພດ

le colza

ດອກເຣພຊິດ

l'arbre fruitier

ຕົ້ນໄມ້ທີ່ອອກໝາກ

le manioc

ມັນຕົ້ນ

les céréales

ພິດຊະນິດເມັດ

la maison
ເຮືອນ

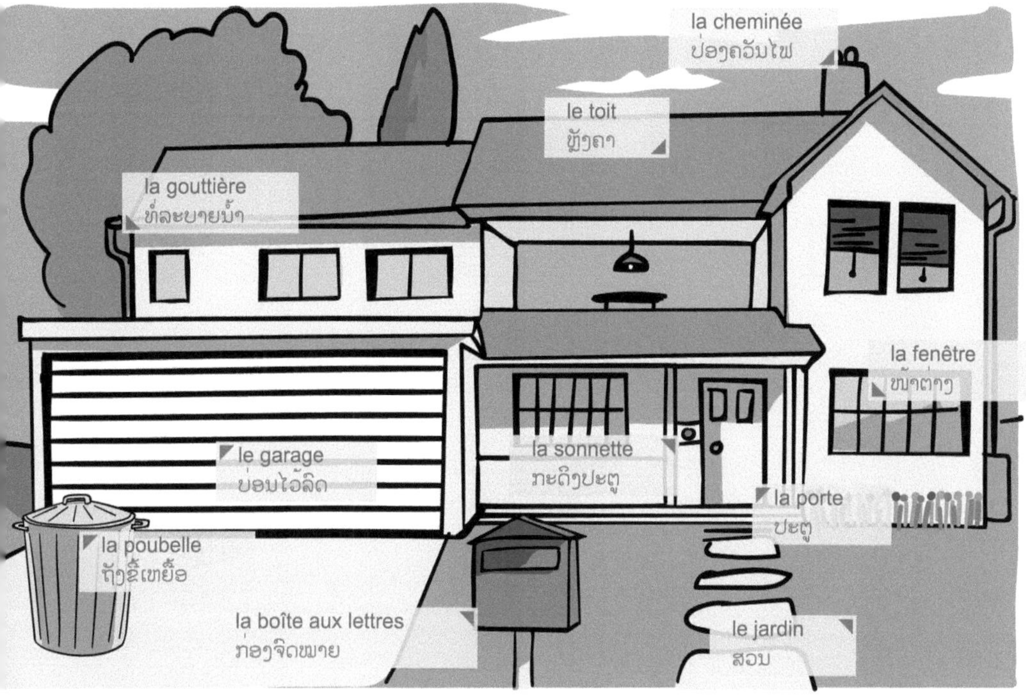
la cheminée
ປ່ອງຄວັນໄຟ
le toit
ຫຼັງຄາ
la gouttière
ທໍ່ລະບາຍນ້ຳ
la fenêtre
ໜ້າຕ່າງ
le garage
ບ່ອນໄວ້ລົດ
la sonnette
ກະດິ່ງປະຕູ
la porte
ປະຕູ
la poubelle
ຖັງຂີ້ເຫຍື້ອ
la boîte aux lettres
ກ່ອງຈົດໝາຍ
le jardin
ສວນ

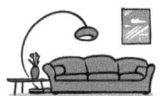

le salon

ຫ້ອງຮັບແຂກ

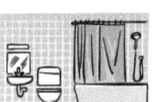

la salle de bain

ຫ້ອງນ້ຳ

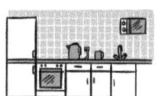

la cuisine

ຫ້ອງຄົວ

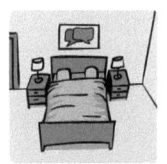

la chambre à coucher

ຫ້ອງນອນ

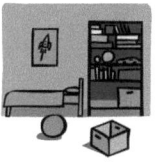

la chambre d'enfant

ຫ້ອງພັກສຳລັບເດັກນ້ອຍ

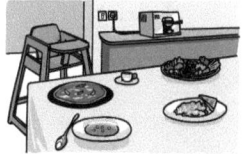

la salle à manger

ຫ້ອງອາຫານ

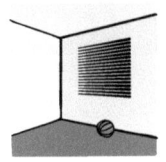

le sol

ພື້ນ

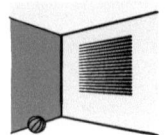

le mur

ຝາຜະໜັງ

le plafond

ເພດານ

la cave

ຫ້ອງເກັບເຄື່ອງໃຕ້ດິນ

le sauna

ຫ້ອງອົບອາຍນ້ຳ

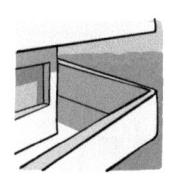

le balcon

ລະບຽງ

la terrasse

ຊຸ້ນຕາມຂ້າງພູ

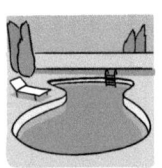

la piscine

ສະລອຍນ້ຳ

la tondeuse à gazon

ເຄື່ອງຕັດຫຍ້າ

la housse

ຜ້າປູບຫນມນອນ

la couette

ຜ້າປູຫຽງ

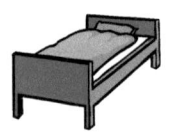

le lit

ຫຽງ

le balai

ຟອຍ

le sceau

ຖຸ

l'interrupteur

ສະວິດ

le salon
ຫ້ອງຮັບແຂກ

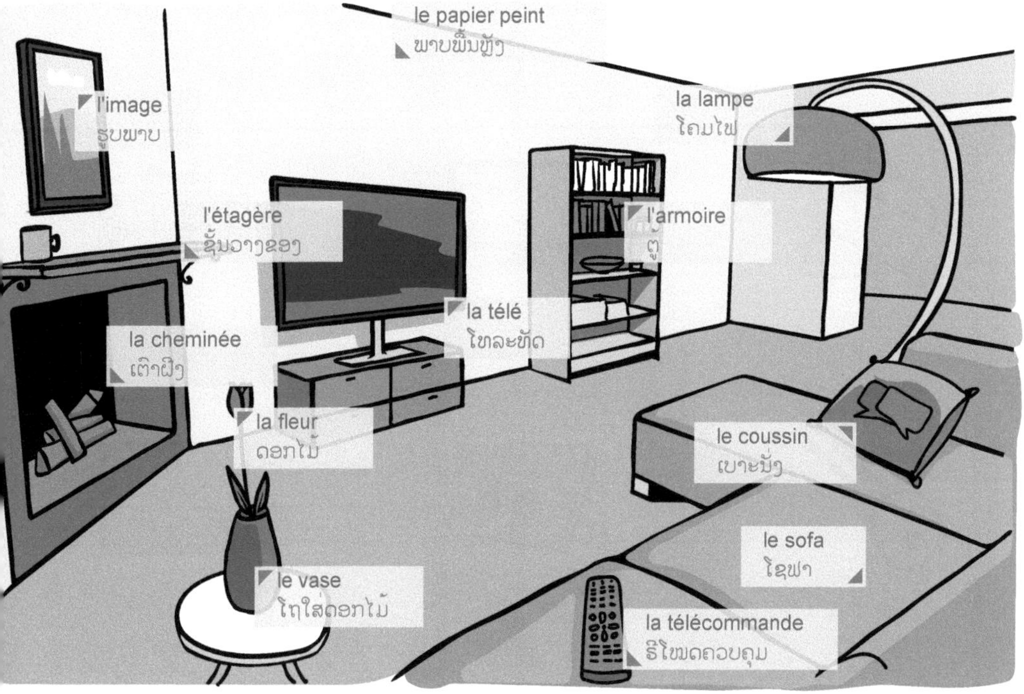
le papier peint
ພາບພື້ນຫຼັງ
l'image
ຮູບພາບ
la lampe
ໂຄມໄຟ
l'étagère
ຊັ້ນວາງຂອງ
l'armoire
ຕູ້
la télé
ໂທລະທັດ
la cheminée
ເຕົາຜີງ
la fleur
ດອກໄມ້
le coussin
ເບາະນັ່ງ
le sofa
ໂຊຟາ
le vase
ໂຖໃສ່ດອກໄມ້
la télécommande
ຣີໂໝດຄວບຄຸມ

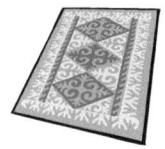

le tapis
ພົມປູພື້ນ

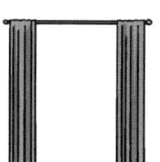

le rideau
ຜ້າກັ້ງ

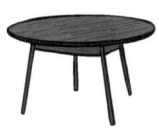

la table
ໂຕະ

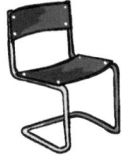

la chaise
ຕັ່ງນັ່ງ

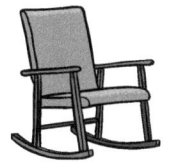

la chaise à bascule
ຕັ່ງນັ່ງແບບໂຍກໄດ້

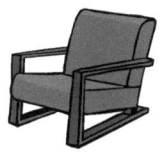

le fauteuil
ຕັ່ງນັ່ງທີ່ມີບ່ອນວາງແຂນ

le livre

ໜັງສື

la couverture

ຜ້າຫົ່ມ

la décoration

ຂອງຕົກແຕ່ງ

le bois de chauffage

ຟືນ

le film

ຮູບເງົາ

la chaîne hi-fi

ເຄື່ອງຮງລະບົບໄຮໄຟ

la clé

ກະແຈ

le journal

ໜັງສືພິມ

la peinture

ການແຕ້ມຮູບ

le poster

ໂປສເຕີ

la radio

ວິທະຍຸ

le bloc-notes

ແຜນບັນທຶກ

l'aspirateur

ເຄື່ອງດູດຝຸ່ນ

le cactus

ຕົ້ນກະບອງເພັດ

la bougie

ທງນໄຂ

la cuisine

ຫອງຄົວ

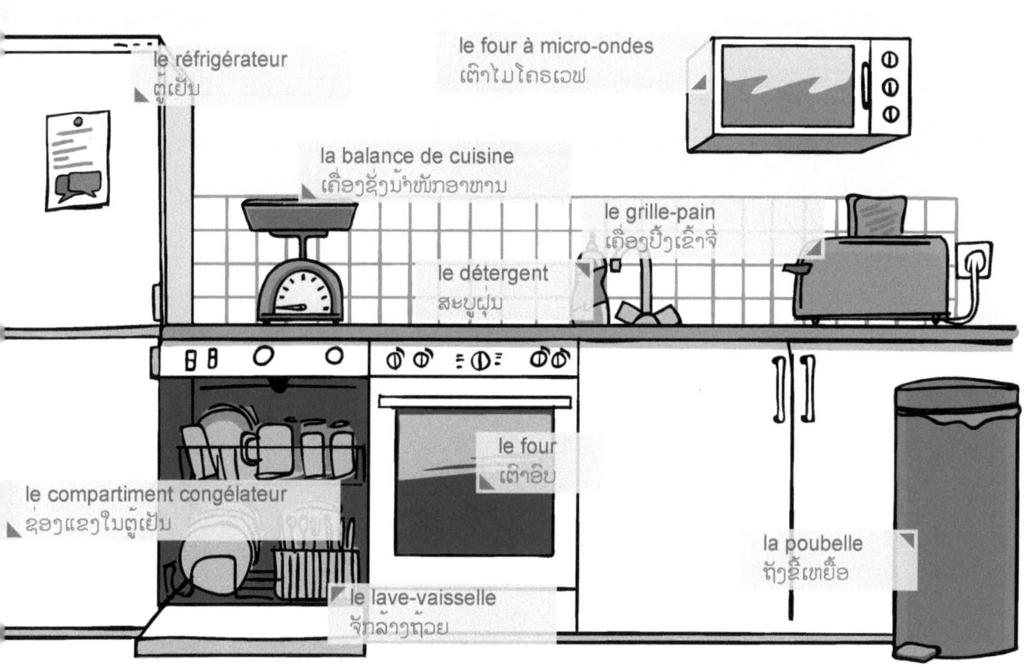
le réfrigérateur
ຕູ້ເຢັນ
le four à micro-ondes
ເຕົາໄມໂຄຣເວຟ
la balance de cuisine
ເຄື່ອງຊັ່ງນ້ຳໜັກອາຫານ
le grille-pain
ເຄື່ອງປີ້ງເຂົ້າຈີ່
le détergent
ສະບູຝຸ່ນ
le four
ເຕົາອົບ
le compartiment congélateur
ຊອງແຊງໃນຕູ້ເຢັນ
la poubelle
ຖັງຂີ້ເຫຍື້ອ
le lave-vaisselle
ຈັກລ້າງຖ້ວຍ

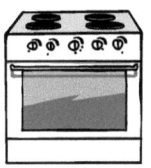

le four

ໝໍ້ຕົ້ມ

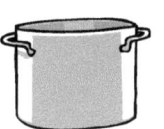

la casserole

ໝໍ້

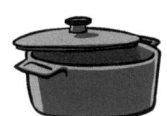

la marmite

ໝໍ້ເຫຼັກຫຼໍ່

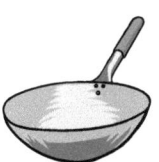

le wok / kadai

ໝໍ້ກະທະຈີນ

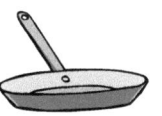

la poêle

ໝໍ້ກະທະກົ້ນແບນ

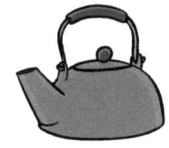

la bouilloire electrique

ກາຕົ້ມນ້ຳ

le cuiseur vapeur

ໝໍ້ໄອນ້ຳ

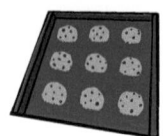

la plaque de cuisson

ຖາດອົບ

la vaisselle

ເຄື່ອງຖ້ວຍຊາມ

le gobelet

ຈອກທຶມ

la coupe

ຖ້ວຍ

les baguettes

ໄມ້ທູ່

la louche

ຈອງດ້າມຍາວ

la spatule

ຕະຫຼິວ

le fouet

ເຄື່ອງຕີໄຂ່

la passoire

ກະຊອນ

le tamis

ເຄື່ອງຮ່ອນ

la râpe

ເຫຼັກຂູດ

le mortier

ຄົກ

le barbecue

ບາບີຄິວ

la cheminée

ແຄມໄຟຫຼາງອນ

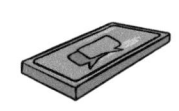

la planche à découper
ຂຽງ

le rouleau à pâtisserie
ໄມ້ນວດແປ້ງ

le tire-bouchon
ຜູ້ກາໄຂດອນແກ້ວ

la boîte
ກະປ໋ອງ

l'ouvre-boîte
ເຄື່ອງເປີດກະປ໋ອງ

les maniques
ຖົງມືຈັບຂອງຮ້ອນ

le lavabo
ອ່າງລ້າງຈານ

la brosse
ແປງ

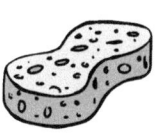

l'éponge
ຟອງນ້ຳ

le mixeur
ເຄື່ອງປັ່ນ

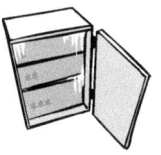

le congélateur
ຕູ້ແຊແຂງ

le biberon
ຂວດນົມ

le robinet
ກ໊ອກນ້ຳ

la salle de bain

ຫ້ອງນ້ຳ

le chauffage
ເຄື່ອງທຳຄວາມຮ້ອນ
la serviette
ຜ້າເຊັດໂຕ
la douche
ຝັກບົວ
le rideau de douche
ຜ້າກັ້ງຫ້ອງນ້ຳ
le bain moussant
ສະບູທຳຟອງ
la baignoire
ອ່າງອາບນ້ຳ
le verre
ຈອກແກ້ວ
la machine à laver
ຈັກຊັກຜ້າ
le robinet
ກ໊ອກນ້ຳ
le carrelage
ກະເບື້ອງ
le pot
ງັງຍ່ຽວ
le lavabo
ອ່າງລ້າງຈານ

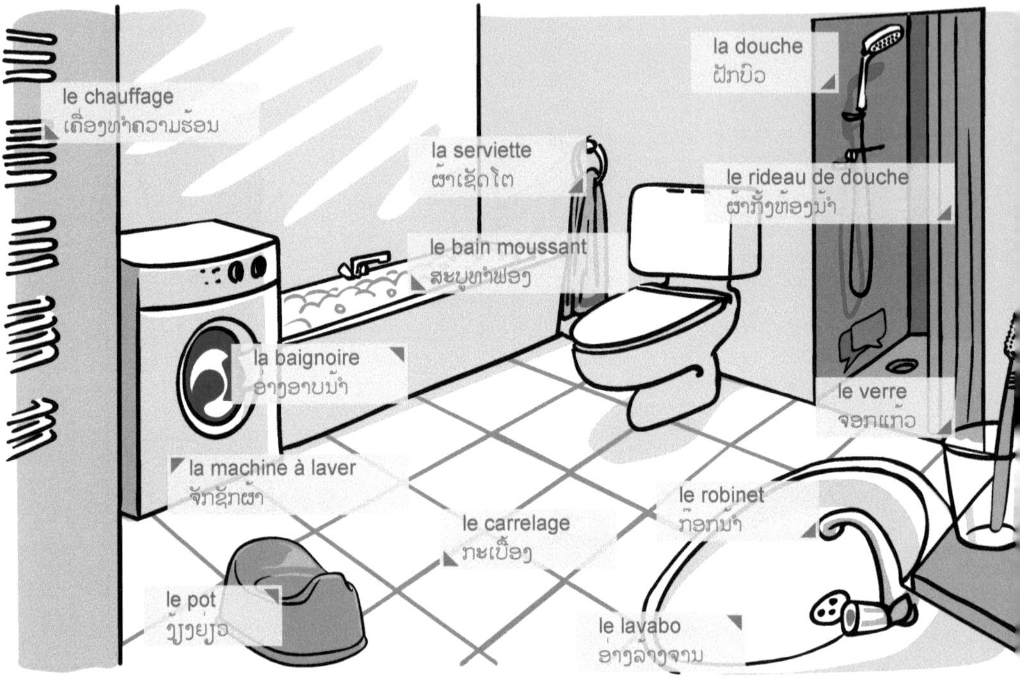

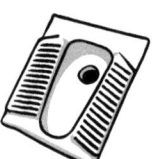

les toilettes
ຫ້ອງສ້ວມ

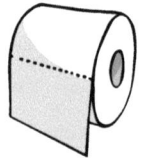

la toilette à la turque
ໂຖສ້ວມແບບນັ່ງຍອງ

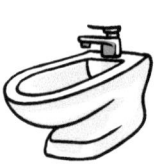

le bidet
ໂຖຍ່ຽວຂອງຜູ້ຍິງ

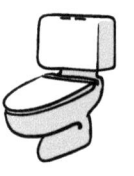

l'urinoir
ໂຖຍ່ຽວຂອງຜູ້ຊາຍ

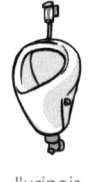

le papier toilette
ກະດາດຊຳລະທີ່ໃຊ້ໃນຫ້ອງນ້ຳ

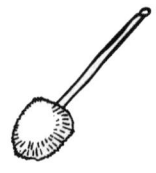

la brosse à toilette
ແປງຂັດຫ້ອງນ້ຳ

la brosse à dents

ແປງສີຟັນ

le dentifrice

ຢາສີຟັນ

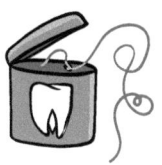

le fil dentaire

ໄໝຂັດແຂ້ວ

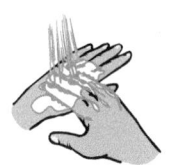

laver

ລ້າງ

la douche manuelle

ຝັກບົວອາບນ້ຳທີ່ໃຊ້ມືຈັບ

la douche intime

ເຄື່ອງສີດລ້າງ

la vasque

ອ່າງລ້າງໜ້າ

la brosse dorsale

ແປງຖູຫັວ

le savon

ສະບູ

le gel douche

ເຈລອາບນ້ຳ

le shampooing

ແຊມພູ

le gant de toilette

ຜ້າຖູໂຕນ້ອຍ

l'écoulement

ທໍ່ລະບາຍນ້ຳເສย

la crème

ຄີມ

le déodorant

ຢາດັບກິ່ນ

le miroir
ແວ່ນແຍງ

le miroir cosmétique
ແວ່ນມືຖື

le rasoir
ມີດແຖຫນວດ

la mousse à raser
ໂຟມແຖຫນວດ

l'après-rasage
ໂລຊັ່ນບຳລຸຜີວຫຼັງແຖຫນວດ

la peigne
ຫວີ

la brosse
ແປງ

le sèche-cheveux
ຈັກເປົ່າຜົມ

la laque pour cheveux
ສະເປຊີດຜົມ

le fond de teint
ຊຸດເຄື່ອງສຳອາງ

le rouge à lèvres
ລິບສະຕິກທາສົບ

le vernis à ongles
ນ້ຳຢາທາເລັບ

l'ouate
ສຳລີ

le coupe-ongles
ມີດຕັດເລັບ

le parfum
ນ້ຳຫອມ

la trousse de toilette

ກະເປົາອາບນ້ຳ

le tabouret

ຕັ່ງສາມຂາ

le pèse-personne

ເຄື່ອງຊັ່ງນ້ຳໜັກ

le peignoir

ເສື້ອຄຸມອາບນ້ຳ

les gants de nettoyage

ຖົງມືຢາງ

le tampon

ຜ້າອະນາໄມແບບສອດ

es serviettes hygiéniques

ຜ້າອະນາໄມ

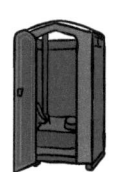

la toilette chimique

ຫ້ອງນ້ຳເຄມີ

la chambre d'enfant
ຫ້ອງພັກສຳລັບເດັກນ້ອຍ

le réveil
ໂມງປຸກ
le doudou
ຂອງຫຼິ້ນທີ່ໜ້າຮັກ
la voiture jouet
ລົດຂອງຫຼິ້ນ
le hochet
ເຄື່ອງຫຼິ້ນເດັກນ້ອຍທີ່ສັ່ນດັງແຊັກໆ
la maison de poupée
ບ້ານຕຸກກະຕາ
le cadeau
ຂອງຂວັນ

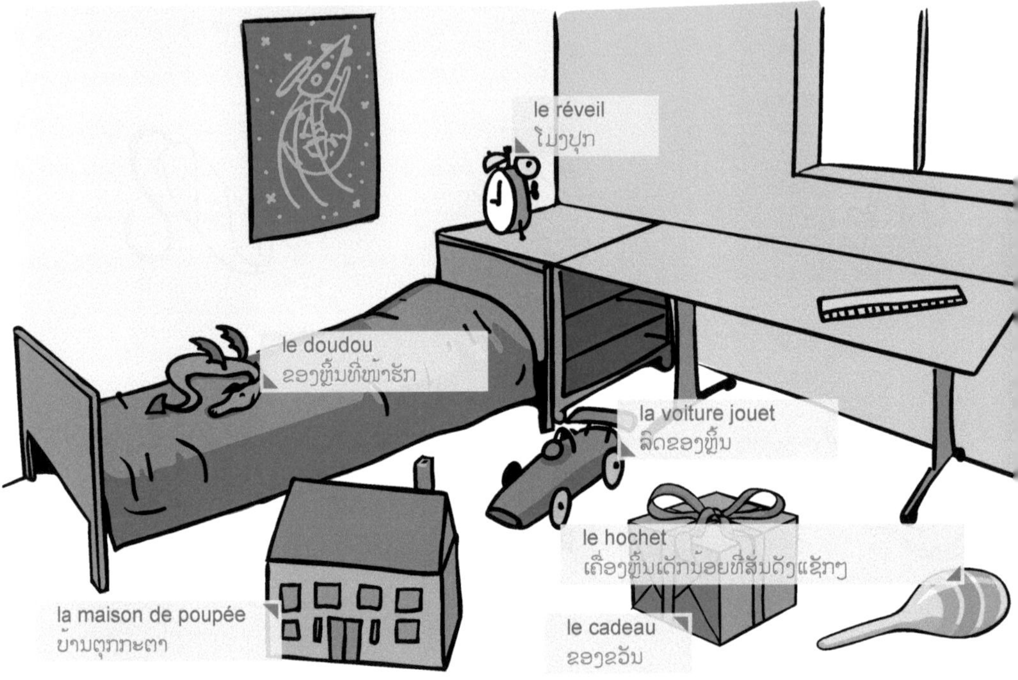

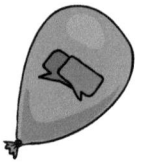

le ballon
ໝາກປຸມເປົ້າ

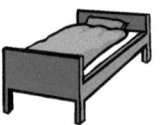

le lit
ຕຽງ

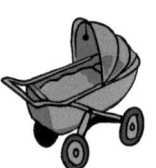

la poussette
ລົດຍູ້ເດັກ

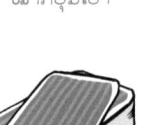

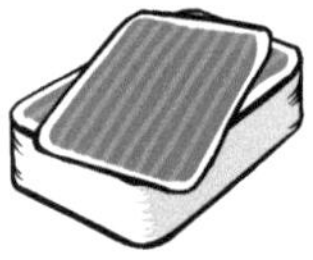

le jeu de cartes
ຊຸມໄພ້

le puzzle
ຈິກຊໍ

SUPER
MEGA
la bande dessinée
ໜັງສືກາຕູນ

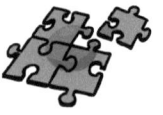

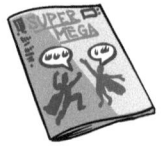

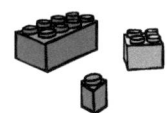

les pièces lego
ຕ໊ອຕ໊ເລ໌ໂກ້

les blocs de construction
ບລ໊ອກຂອງຫຼິ້ນ

la figurine
ຮູບປັ້ນທີ່ເຄື່ອນໄຫວໄດ້

la grenouillère
ເສື້ອຜ້າເດັກເກີດໃໝ່

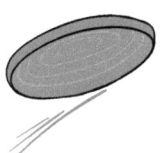
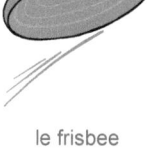

le frisbee
ຈານບິນ

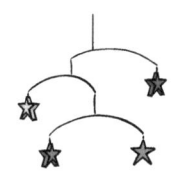

le mobile
ສິ່ງທີ່ແກວ່ງໄປມາແຂວນຢູ່ເທິງທິວ
ຕຽງເດັກນ້ອຍ

le jeu de société
ເກມກະດານ

le dé
ໝາກກະລອກ

le train miniature
ຊຸດລົດໄຟຈຳລອງ

la sucette
ຮູບຫຸນ

la fête
ງານລ້ຽງ

le livre d'images
ໜັງສືພາບ

la balle
ໝາກບານ

la poupée
ຕຸກກະຕາ

jouer
ຫຼິ້ນ

le bac à sable
ຂຸມດິນຊາຍສຳລັບເດັກນ້ອຍຫຼິ້ນ

la balançoire
ຊິງຊ້າ

les jouets
ຂອງຫຼິ້ນ

la console de jeu
ເຄື່ອງຫຼິ້ນວິດີໂອເກມ

le tricycle
ລົດຖີບສາມລໍ້

l'ours en peluche
ຕຸກກະຕາໝີ

l'armoire
ຕູ້ເສື້ອຜ້າ

les vêtements
ເສື້ອຜ້າ

les chaussettes
ຖົງຕີນ

les bas
ຖົງເທົ້າຍາວຜູ້ຍິງ

le collant
ໂສ້ງຢືດແບບເນື້ອ

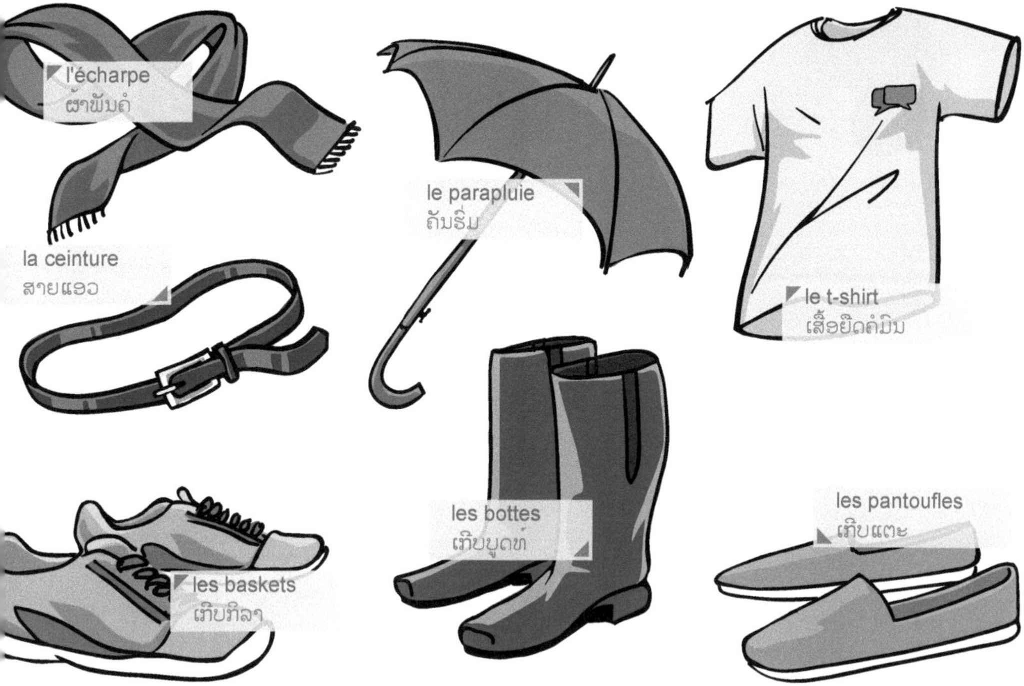

l'écharpe
ຜ້າພັນຄໍ

le parapluie
ຄັນຮົ່ມ

la ceinture
ສາຍແອວ

le t-shirt
ເສື້ອຍືດຄໍມົນ

les baskets
ເກີບກິລາ

les bottes
ເກີບບຸດທ໌

les pantoufles
ເກີບແຕະ

les sandales
ເກີບຮັດດາມ

les chaussures
ເກີບ

les bottes de caoutchouc
ເກີບບຸດທ໌ຢາງ

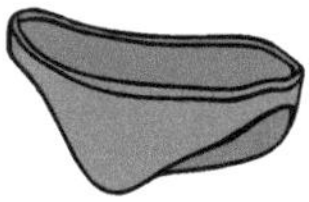

les sous-vêtements
ໂສ້ງຊ້ອນໃນ

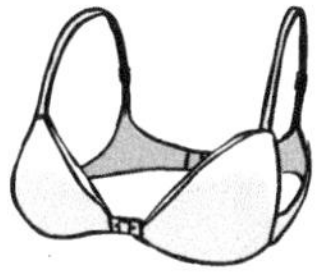

le soutien-gorge
ເສື້ອຊ້ອນໃນ

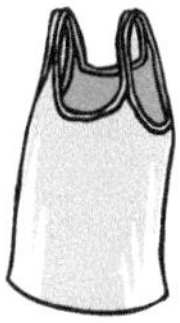

le maillot de corps
ເສື້ອມກ້າມ

le body
ເສື້ອຮັດທຸມ

le pantalon
ໂສ້ງຂາຍາວ

le jean
ໂສ້ງຍີນ

la jupe
ກະໂປ່ງ

le chemisier
ເສື້ອຜູ້ຍິງ

la chemise
ເສື້ອເຊິດ

le pull
ເສື້ອກັນໜາວ

le sweat à capuche
ເສື້ອຄຸມມີໝວກ

la veste
ເສື້ອໃໝ່ທີ່ຕິດກາໂຮງງານຫຼືກາທິ
ມຫຼົາ

la veste
ເສື້ອແຈັກເກັດ

le manteau
ເສື້ອນອກ

l'imperméable
ເສື້ອກັນຝົນ

le costume
ເຄື່ອງແຕ່ງກາຍ

la robe
ກະໂປ່ງ

la robe de mariée
ຊຸດແຕ່ງງານ

le costume

ເສື້ອສູດ

la chemise de nuit

ຊຸດລາຕີ

le pyjama

ຊຸດນອນ

le sari

ຊຸດຊາຣິ

le foulard

ຜ້າຄຸມຫົວ

le turban

ຜ້າພັນຫົວ

la burqa

ເສື້ອບຸຣຸເກາະ

le caftan

ເສື້ອຄຸມຄາຟຕານ

l'abaya

ເສື້ອຄຸມອາບາຢາ

le maillot de bain

ຊຸດລອຍນ້ຳ

le maillot de bain

ໂສ້ງໃສ່ລອຍນ້ຳ

le short

ໂສ້ງຂາສັ້ນ

la tenue d'entraînement

ຊຸດວອມ

le tablier

ຜ້າກັນເປື້ອນ

les gants

ຖົງມື

les vêtements - ເສື້ອຜ້າ

le bouton
ກະດຸມ

les lunettes
ແວ່ນຕາ

le bracelet
ປອກແຂນ

le collier
ສ້ອຍຄໍ

la bague
ແຫວນ

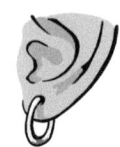

la boucle d'oreille
ຕຸ້ມຫູ

le bonnet
ໝວກແກັບ

le cintre
ກ້ຳແຂນເສື້ອນອກ

le chapeau
ໝວກ

la cravate
ກາລະຫວັດ

la fermeture éclair
ຊິບ

le casque
ໝວກກັນກະທົບ

les bretelles
ສາຍໂຍງໂສ້ງ

l'uniforme scolaire
ຊຸດນັກຮຽນ

l'uniforme
ເຄື່ອງແບບ

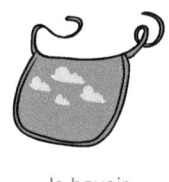

le bavoir

ຜ້າກັນເປື້ອນເດັກ

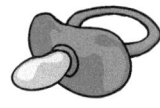

la sucette

ຮູບຫຸ່ນ

la lange

ຜ້າອ້ອມ

le bureau

ຫ້ອງການ

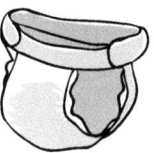

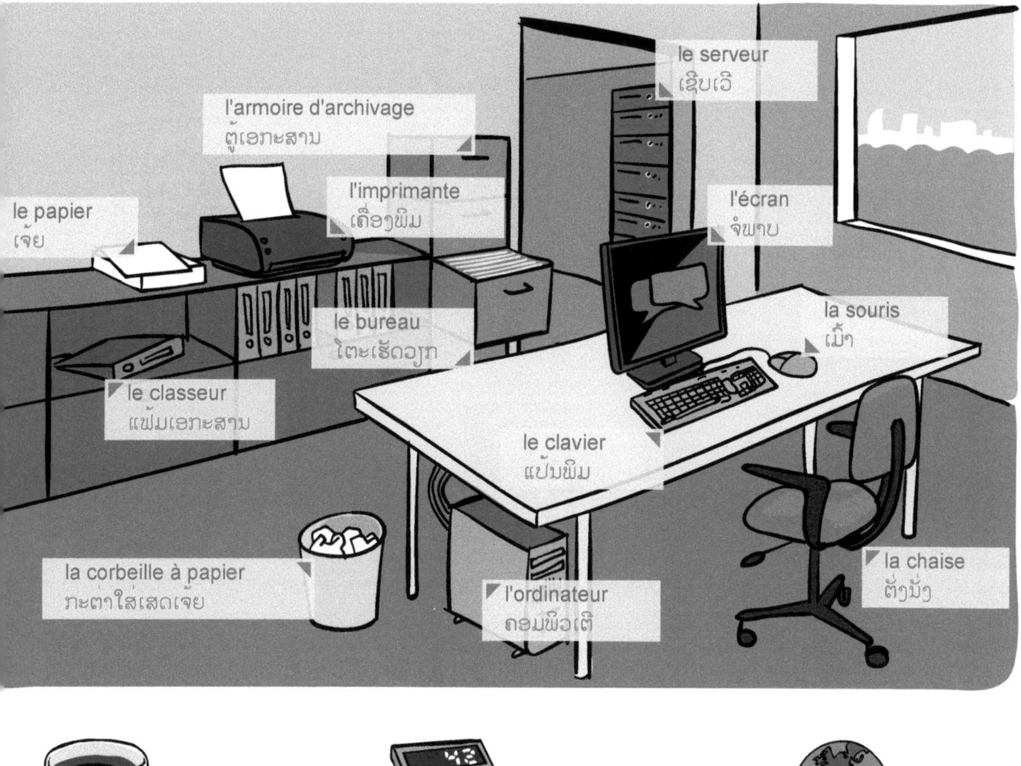

le serveur
ເຊີບເວີ
l'armoire d'archivage
ຕູ້ເອກະສານ
l'imprimante
ເຄື່ອງພິມ
le papier
ເຈ້ຍ
l'écran
ຈໍພາບ
la souris
ເມົ້າ
le bureau
ໂຕະເຮັດວຽກ
le classeur
ແຟ້ມເອກະສານ
le clavier
ແປ້ນພິມ
la corbeille à papier
ກະຕ່າໃສ່ເສດເຈ້ຍ
l'ordinateur
ຄອມພິວເຕີ
la chaise
ຕັ່ງນັ່ງ

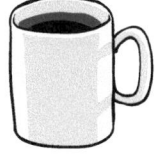

la tasse de café

ຈອກທີນໃສ່ກາເຟ

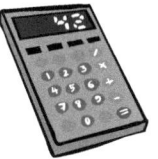

la calculatrice

ເຄື່ອງຄິດເລກ

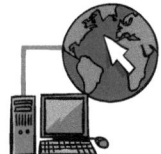

l'internet

ອິນເຕີເນັດ

l'ordinateur portable

ຄອມພິວເຕີແລັບທ້ອບ

la lettre

ຈິດໝາຍ

le message

ຂໍ້ຄວາມ

le portable

ໂທລະສັບມືຖື

le réseau

ເຄືອຂ່າຍ

la photocopieuse

ເຄື່ອງຖ່າຍເອກະສານ

le logiciel

ຊອບແວ

le téléphone

ໂທລະສັບ

la prise

ປັກໄຟ

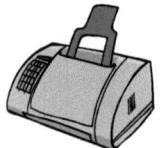

le fax

ເຄື່ອງແຟັກ

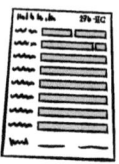

le formulaire

ແບບຟອມ

le document

ເອກະສານ

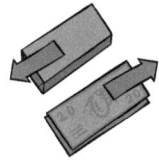

acheter

ຊື້

payer

ຈ່າຍ

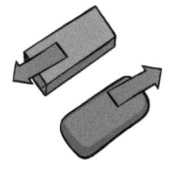

faire du commerce

ຄ້າຂາຍ

la monnaie

ເງິນ

le dollar

ເງິນດອນລາ

l'euro

ເງິນຢູໂຣ

le yen

ເງິນເຢນ

le rouble

ເງິນຣູເບິລ

le franc suisse

ເງິນຝຣັ່ງສະວິດ

le renminbi yuan

ເງິນຢວນເຮັນມິນບີ້

la roupie

ເງິນຣູປີ

le distributeur automatique

ເຄື່ອງສຳລັບກົດເງິນສົດຈາກທະນາຄານ

le bureau de change

ບ່ອນແລກປ່ຽນເງິນຕາ

l'or

ທອງຄຳ

l'argent

ເງິນ

le pétrole

ນ້ຳມັນ

l'énergie

ພະລັງງານ

le prix

ລາຄາ

le contrat

ສັນຍາ

la taxe

ພາສີ

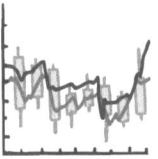

l'action

ຫຸ້ນ

travailler

ເຮັດວຽກ

l'employé

ລູກຈ້າງ

l'employeur

ນາຍຈ້າງ

l'usine

ໂຮງງານ

le magasin

ຮ້ານຄ້າ

les professions
ອາຊີບ

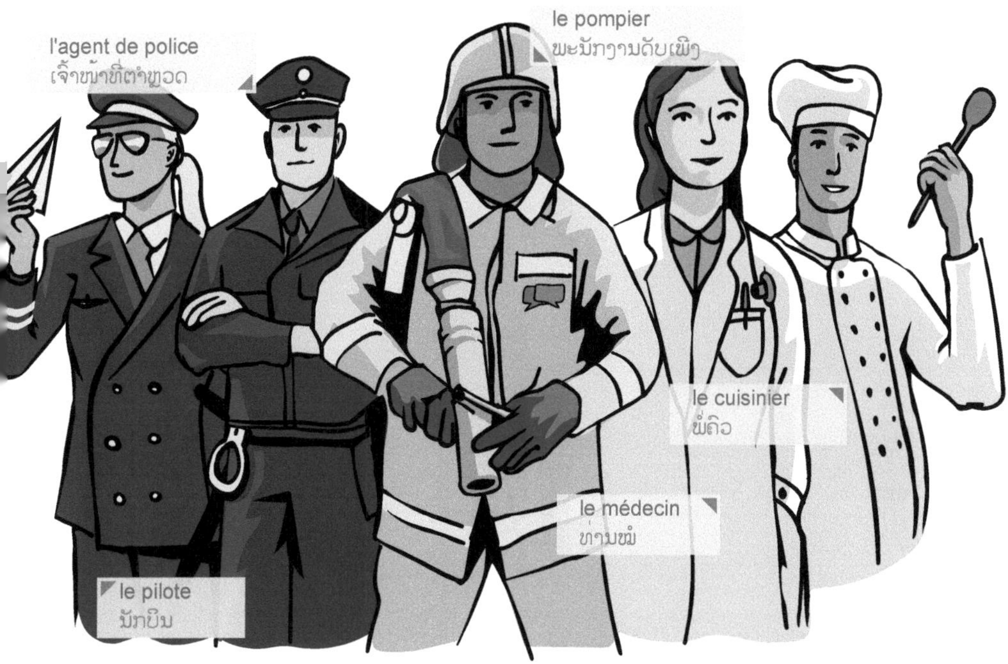

l'agent de police
ເຈົ້າໜ້າທີ່ຕຳຫຼວດ
le pompier
ພະນັກງານດັບເພີງ
le cuisinier
ພໍ່ຄົວ
le médecin
ທ່ານໝໍ
le pilote
ນັກບິນ

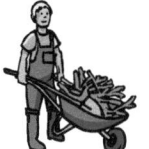

le jardinier

ຊາວສວນ

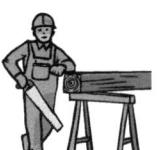

le menuisier

ຊ່າງໄມ້

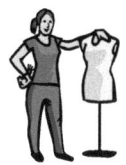

la couturière

ຊ່າງຫຍິບຜ້າທີ່ເປັນຜູ້ຍິງ

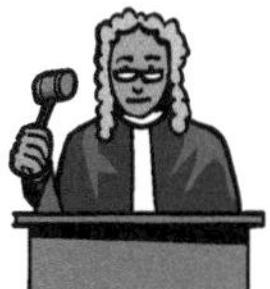

le juge

ຜູ້ພິພາກສາ

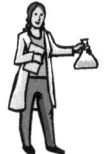

le chimiste

ນັກເຄມີ

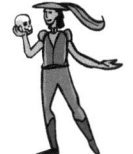

l'acteur

ນັກສະແດງຊາຍ

le conducteur de bus

ຄົນຂັບລົດເມປະຈຳທາງ

le chauffeur de taxi

ຄົນຂັບແທັກຊີ

le pêcheur

ຊາວປະມົງ

la femme de ménage

ແມ່ບ້ານທຳຄວາມສະອາດ

le couvreur

ຊ່າງມຸງຫຼັງຄາ

le serveur

ຄົນເສີບຂາຍ

le chasseur

ນາຍພານ

le peintre

ຊ່າງທາສີ

le boulanger

ຄົນເຮັດເຂົ້າໜົມປັງ

l'électricien

ຊ່າງໄຟຟ້າ

l'ouvrier

ຊ່າງກໍ່ສ້າງ

l'ingénieur

ວິສະວິກອນ

le boucher

ຄົນຂາຍຊີ້ນ

le plombier

ຊ່າງນ້ຳປະປາ

le facteur

ບູລຸດໄປສະນີ

le soldat

ທະຫານ

l'architecte

ສະຖາປະນິກ

le caissier

ພະນັກງານເກັບເງິນ

le fleuriste

ຄົນຂາຍດອກໄມ້

le coiffeur

ຊ່າງແຕ່ງຜົມ

le contrôleur

ພະນັກງານກວດປີ້ລົດ

le mécanicien

ຊ່າງສ້ອມລົດຍົນ

le capitaine

ຜູ້ບັງຄັບການ

le dentiste

ໝໍປົວແຂ້ວ

le scientifique

ນັກວິທະຍາສາດ

le rabbin

ພະໃນສາສະໜາຢິວ

l'imam

ຜູ້ນຳຊາວມຸສລິມ

le moine

ຄູບາ

le prêtre

ນັກບວດ

les outils
ເຄື່ອງມື

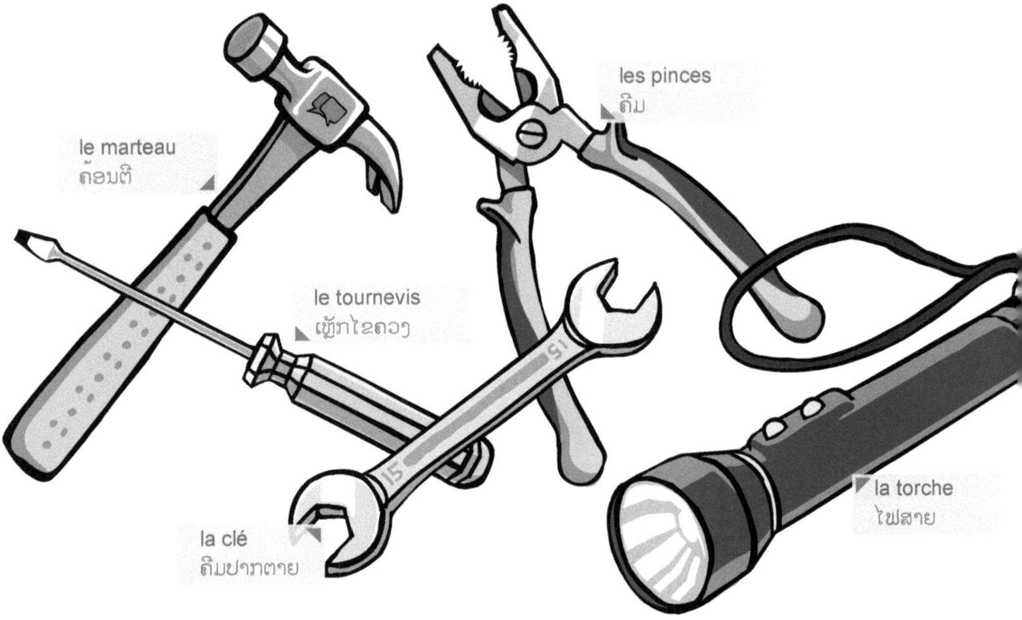
le marteau
ຄ້ອນຕີ
les pinces
ຄີມ
le tournevis
ໝູກໄຂຄວງ
la clé
ຄີມປາກຕາຍ
la torche
ໄຟສາຍ

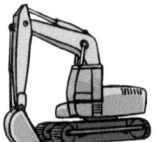

la pelleteuse

ເຄື່ອງຂູດ

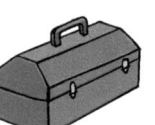

la boîte à outils

ກັບເຄື່ອງມື

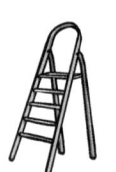

l'échelle

ຂັ້ນໄດ

la scie

ເລື່ອຍ

les clous

ຕະປູ

la perceuse

ໝູກຊີ

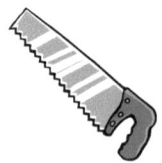

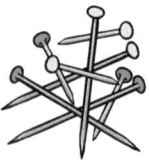

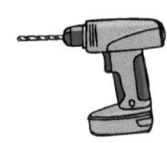

réparer
ສ້ອມແປງ

la pelle
ຊວ້ານ

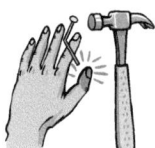

Mince !
ຕາຍທ່າ!

la pelle
ຂອງຊວ້ານຂີ້ເຫຍື້ອ

le pot de peinture
ກັ່ວສີ

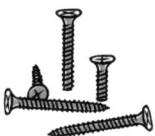

les vis
ຕະປູກຽວ

les instruments de musique
ເຄື່ອງດົນຕີ

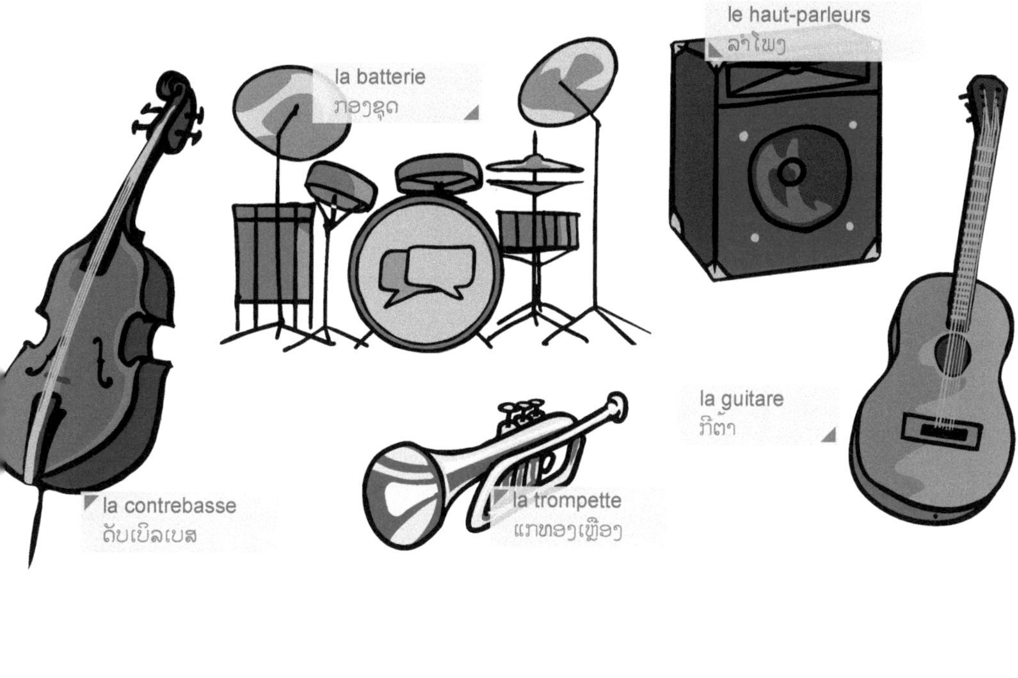

le haut-parleurs
ລຳໂພງ

la batterie
ກອງຊຸດ

la guitare
ກີຕາ

la contrebasse
ດັບເບິ້ລເບສ

la trompette
ແກກທອງເຫຼືອງ

le piano

ເປຍໂນ

le violon

ໄວໂອລິນ

la basse

ເບສ

les timbales

ກອງທິມປານີ

le tambour

ກອງຊຸດ

le piano électrique

ຄີບອດ

le saxophone

ແຊັກໂຊໂຟນ

la flûte

ຂຸ່ຍ

le microphone

ໄມໂຄຣໂຟນ

le zoo
ສວນສັດ

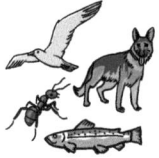

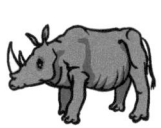

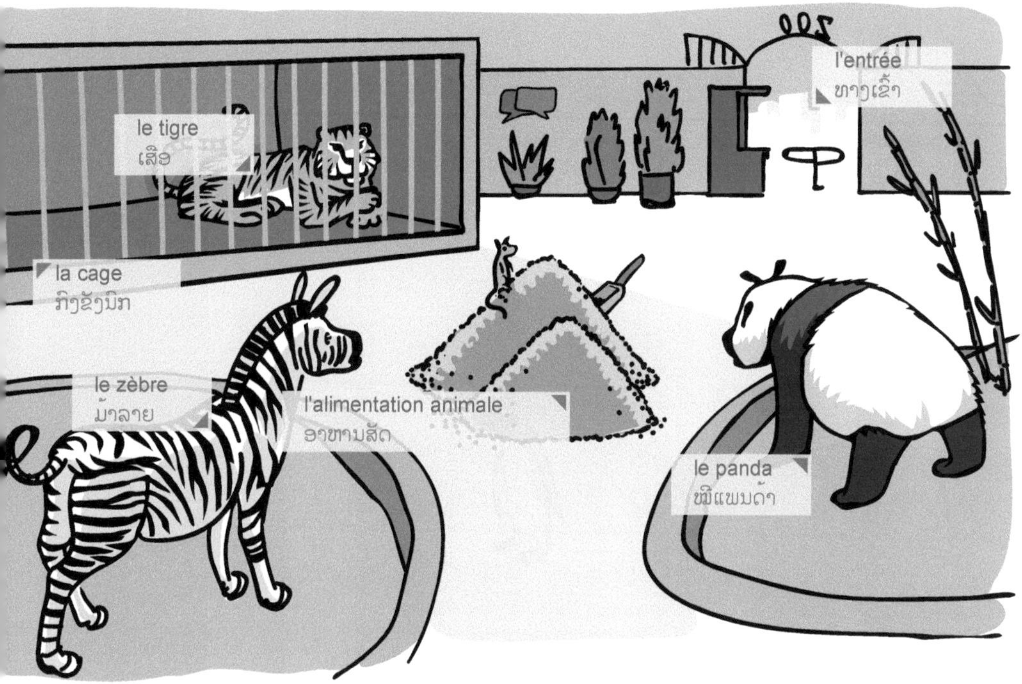
l'entrée
ທາງເຂົ້າ
le tigre
ເສືອ
la cage
ກົງຂັງນົກ
le zèbre
ມ້າລາຍ
l'alimentation animale
ອາຫານສັດ
le panda
ໝີແພນດ້າ

les animaux

ສັດ

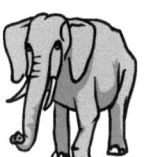

l'éléphant

ຊ້າງ

le kangourou

ກັງກາຣູ

le rhinocéros

ແຮດ

le gorille

ລິງໂທນໃຫຍ່

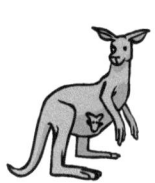

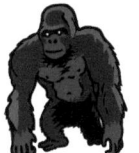

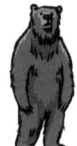

l'ours

ໝີ

le chameau

ອູດ

l'autruche

ນົກກະຈອກເທດ

le lion

ສິງໂຕ

le singe

ລິງ

le flamand rose

ນົກຟລາມິງໂກ

le perroquet

ນົກແກ້ວ

l'ours polaire

ໝີຂົ້ວໂລກ

le pingouin

ນົກເພັນກວິນ

le requin

ປາສະຫຼາມ

le paon

ນົກຍູງ

le serpent

ງູ

le crocodile

ແຂ້

le gardien de zoo

ຜູ້ເບິ່ງແຍງສວນສັດ

le phoque

ແມວນ້ຳ

le jaguar

ເສືອຈາກົວ

le poney

ມ້າພັນນ້ອຍ

le léopard

ເສືອດາວ

l'hippopotame

ຮິບໂປ

la girafe

ໂຕຈິຣາຟ

l'aigle

ໜວງ

le sanglier

ໝູປ່າຕິວຜູ້

le poisson

ປາ

la tortue

ເຕົ່າ

le morse

ຊ້າງນ້ຳ

le renard

ໝາຈອກ

la gazelle

ກວາງນ້ອຍ

l'american Football
ອາເມລິກັນຟຸດບອນ

le cyclisme
ຂີ່ລົດຖີບ

le tennis
ກິລາເທນນິສ

le basket-ball
ບັສເກັດບອລ

la natation
ກິລາລອຍນ້ຳ

la boxe
ຊົກມວຍ

le hockey sur glace
ກິລາຕີຄິເຄີ່ນນ້ຳແຂງ

le football
ກິລາເຕະບານ

le badminton
ກິລາຕີດອກປີກໄກ່

l'athlétisme
ກິລາຢະເພດ ແລ່ນ
ເຕັ້ນແລະແກວ່ງ

le handball
ແຮນບອລ

le ski
ກິລາສະກີ້

le polo
ກິລາໂປໂລນ້ຳ

sauter
ໂດດ

embrasser
ກອດ

rire
ຫົວ

marcher
ຍ່າງ

chanter
ຮ້ອງເພງ

rêver
ຝັນ

prier
ໄຫວ້ພຣະ / ສວດມົນ

faire la bise
ຈູບ

écrire

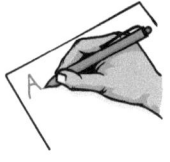

ຂຽນ

dessiner

ແຕ້ມ

montrer

ສະແດງ

pousser

ຍູ້

donner

ໃຫ້

prendre

ເອົາໄປ

avoir

ມີ

faire

ເຮັດ

être

ເປັນ

être debout

ຢືນ

courir

ແລ່ນ

trier

ດຶງ

jeter

ໂຍນ

tomber

ລົ້ມ

être couché

ນອນຢຽດ

attendre

ລໍຖ້າ

porter

ຖື

être assis

ນັ່ງ

s'habiller

ແຕ່ງຕົວ

dormir

ນອນຫຼັບ

se réveiller

ຕື່ນນອນ

regarder
ເບິ່ງ

pleurer
ຮ້ອງໄຫ້

caresser
ລູບ

peigner
ຫວີຜົມ

parler
ລົມ

comprendre
ເຂົ້າໃຈ

demander
ຄຳຖາມ

écouter
ຟັງ

boire
ດື່ມ

manger
ກິນ

ranger
ຈັດໃຫ້ເປັນລະບຽບ

aimer
ຮັກ

cuire
ຄົວກິນ

conduire
ຂັບລົດ

voler
ບິນ

faire de la voile

ແລ່ນເຮືອ

calculer

ຄິດໄລ່

lire

ອ່ານ

apprendre

ຮຽນຮູ້

travailler

ເຮັດວຽກ

se marier

ແຕ່ງງານ

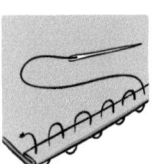

coudre

ຫຍິບ

brosser les dents

ແປງຟັນ

tuer

ຂ້າ

fumer

ສູບຢາ

envoyer

ສົ່ງ

la famille
ຄອບຄົວ

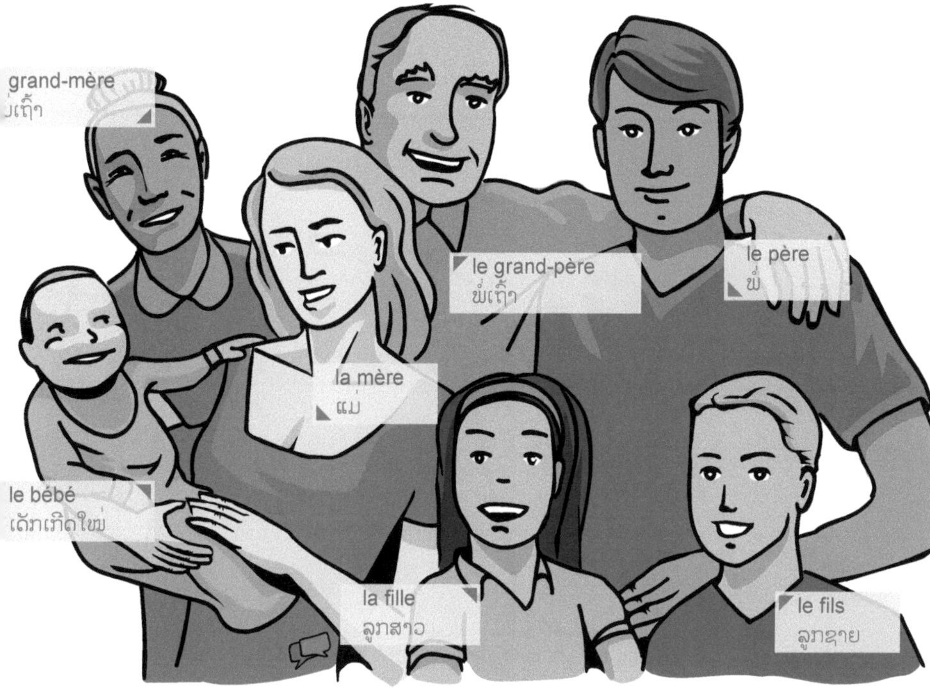
grand-mère
ແມ່ເຖົ້າ
le grand-père
ພໍ່ເຖົ້າ
le père
ພໍ່
la mère
ແມ່
le bébé
ເດັກເກີດໃໝ່
la fille
ລູກສາວ
le fils
ລູກຊາຍ

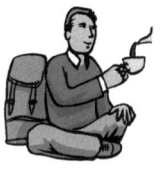

l'hôte

ແຂກ

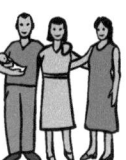

la tante

ປ້າ

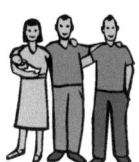

l'oncle

ລຸງ

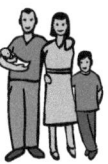

le frère

ອ້າຍນ້ອງ

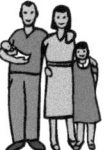

la sœur

ເອື້ອຍນ້ອງ

le corps

ຮາງກາຍ

le front
ໜ້າຜາກ
l'œil
ຕາ
le visage
ໃບໜ້າ
le menton
ຄາງ
la poitrine
ໜ້າເອິກ
le doigt
ນິ້ວມື
la main
ມື
le bras
ແຂນ
l'épaule
ບ່າໄຫຼ່
la jambe
ຂາ

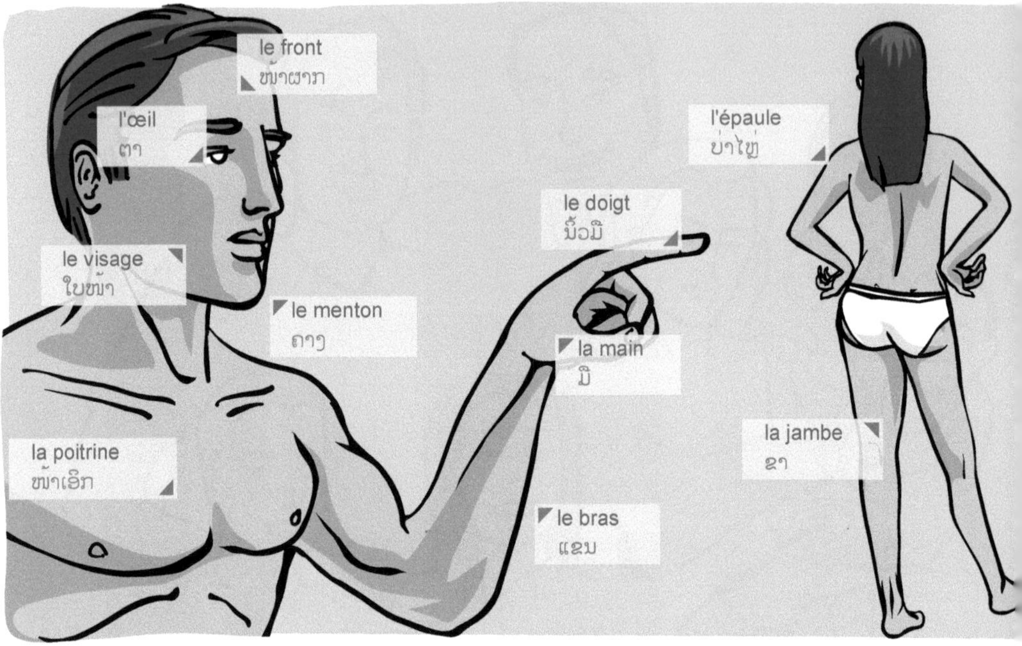

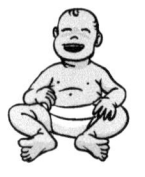

le bébé

ເດັກເກີດໃໝ່

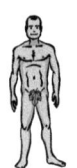

l'homme

ຜູ້ຊາຍ

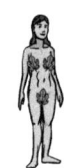

la femme

ຜູ້ຍິງ

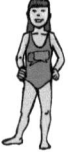

la fille

ເດັກຍິງ

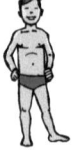

le garçon

ເດັກຊາຍ

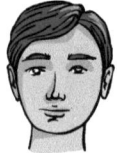

la tête

ຫົວ

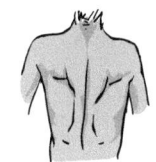

le dos
ຫຼັງ

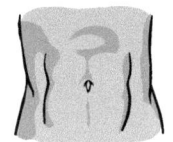

le ventre
ທ້ອງ

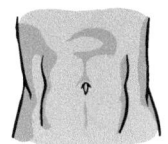

le nombril
ສະບື

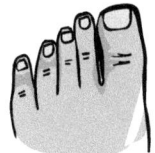

l'orteil
ນິ້ວຕີນ

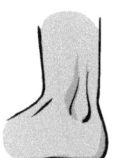

le talon
ສົ້ນຕີນ

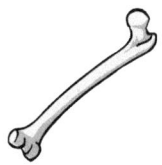

l'os
ກະດູກ

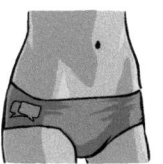

la hanche
ກະໂພກ

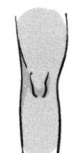

le genou
ຫົວເຂົ່າ

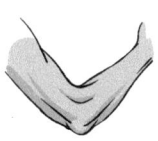

le coude
ແຂນສອກ

le nez
ດັງ

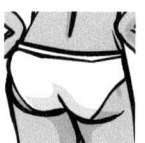

les fesses
ກົ້ນ

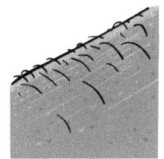

la peau
ຜິວໜັງ

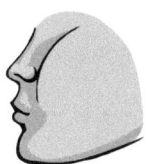

la joue
ແກ້ມ

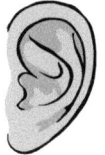

l'oreille
ຫູ

la lèvre
ຮິມສົບ

la bouche

ປາກ

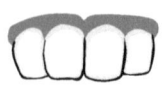

la dent

ແຂ້ວ

la langue

ລິ້ນ

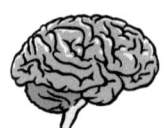

le cerveau

ສະໝອງ

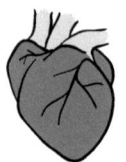

le cœur

ຫົວໃຈ

le muscle

ກ້າມເນື້ອ

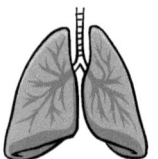

les poumons

ປອດ

le foie

ຕັບ

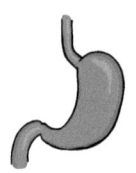

l'estomac

ກະເພາະ

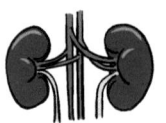

les reins

ໄຕ

le rapport sexuel

ເພດສຳພັນ

le préservatif

ຖົງຢາງອະນາໄມ

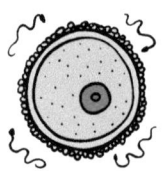

l'ovule

ເຊັລສືບພັນ

le sperme

ນ້ຳອະສຸຈິ

la grossesse

ການຖືພາ

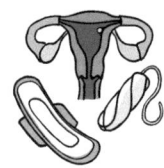

la menstruation

ปะจำเดือน

le vagin

ຊ່ອງຄອດ

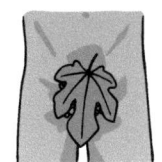

le pénis

ອະໄວຍະວະເພດຊາຍ

le sourcil

ຄິ້ວ

les cheveux

ເສັ້ນຜົມ

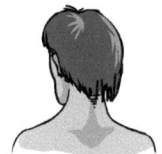

le cou

ຄໍ

l'hôpital
ໂຮງໝໍ

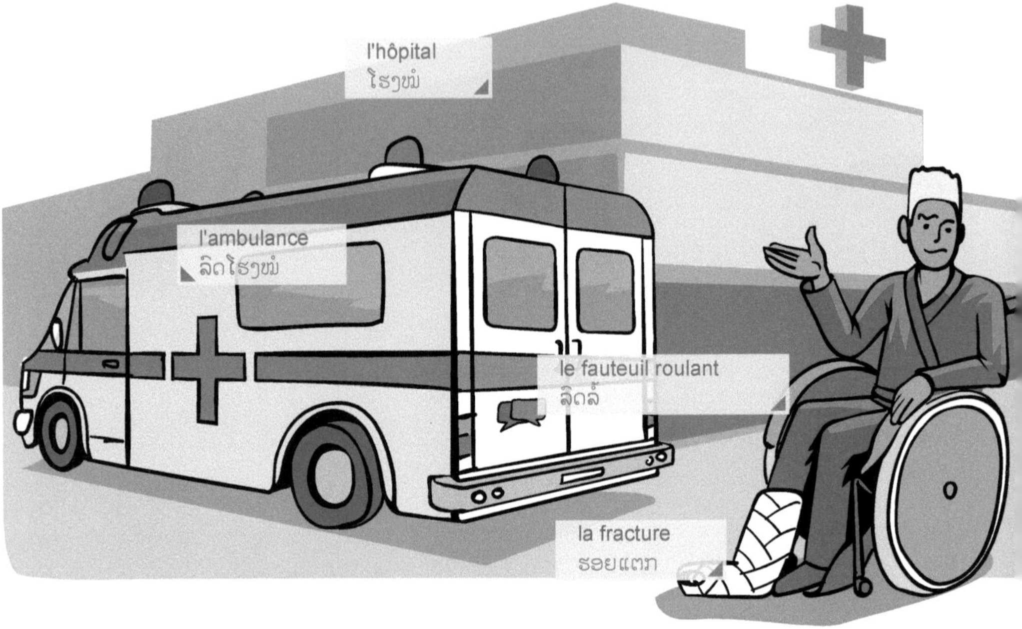

l'hôpital
ໂຮງໝໍ
l'ambulance
ລົດໂຮງໝໍ
le fauteuil roulant
ລົດລໍ້
la fracture
ຮອຍແຕກ

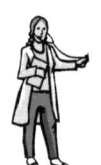

le médecin

ທ່ານໝໍ

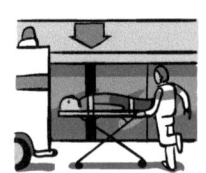

le service des urgences

ຫ້ອງສຸກເສີນ

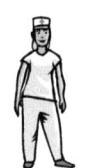

l'infirmière

ພະຍາບານ

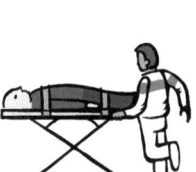

l'urgence

ສຸກເສີນ

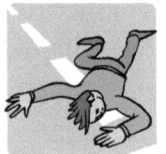

inconscient

ໝົດສະຕິ

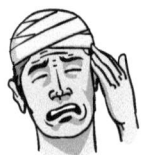

la douleur

ອາການເຈັບປວດ

la blessure

ການບາດເຈັບ

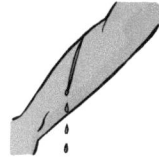

l'hémorragie

ເລືອດໄຫຼ

la crise cardiaque

ຫົວໃຈວາຍ

l'attaque cérébrale

ໂຮກຫຼອດເລືອດໃນສະໝອງ

l'allergie

ອາການແພ້

la toux

ໄອ

la fièvre

ໄຂ້

la grippe

ໄຂ້ຫວັດ

la diarrhée

ຖອກທ້ອງ

le mal de tête

ເຈັບຫົວ

le cancer

ໂຮກມະເລງ

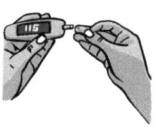

le diabète

ພະຍາດເບົາຫວານ

le chirurgien

ໝໍຜ່າຕັດ

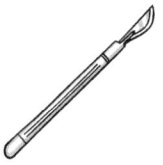

le scalpel

ມິດຜ່າຕັດ

l'opération

ການຜ່າຕັດ

le CT

ເຄື່ອງເອັກສເຣຄອມພິວເຕີ

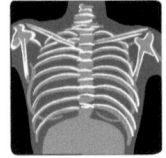

la radiographie

ເອັກສ-ເຣ

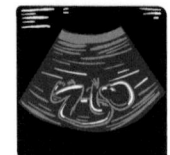

l'échographie

ອຸລຕຣາຊາວ (ultrasound)

le masque

ໜ້າກາກອະນາໄມ

la maladie

ພະຍາດ

la salle d'attente

ຫ້ອງລໍຖ້າ

la béquille

ໄມ້ຄ້ຳຂີ້ແຮ້

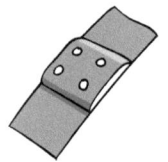

le pansement

ຜ້າຢາງຕິດບາດ

le pansement

ຜ້າພັນແຜ

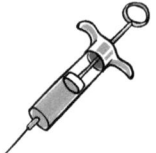

l'injection

ສັກຢາ

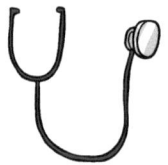

le stéthoscope

ເຄື່ອງຟັງປອດຫົວໃຈ

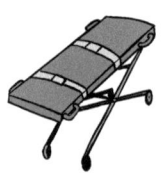

le brancard

ເປທາມຄົນເຈັບ

le thermomètre

ບາຫຼອດວັດໄຂ້

l'accouchement

ການເກີດ

la surcharge pondérale

ນ້ຳໜັກເກີນ

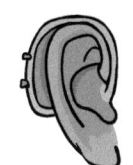

l'appareil auditif

ເຄື່ອງຊ່ວຍຟັງ

le désinfectant

ນ້ຳຢາຂ້າເຊື້ອ

l'infection

ການຕິດເຊື້ອ

le virus

ເຊື້ອໄວຣັສ

le VIH / le sida

HIV / ເອດສ໌

le médicament

ຢາ

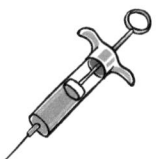

la vaccination

ການສັກວັກຊິນ

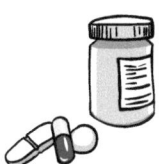

les comprimés

ຢາເມັດ

la pilule

ຢາເມັດ

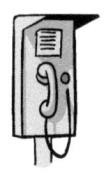

l'appel d'urgence

ໂທອອກສຸກເສີນ

le tensiomètre

ເຄື່ອງວັດຄວາມດັນເລືອດ

malade / sain

ໄຂ້ / ສຸຂະພາບດີ

l'alarme

ສັນຍານເຕືອນໄພ

l'assaut

ການທຳຮ້າຍຮ່າງກາຍ

Au secours !

ຊ່ວຍດ້ວຍ!

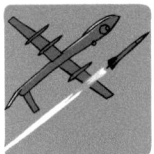

l'attaque

ການໂຈມຕີ

le danger

ອັນຕະລາຍ

la sortie de secours

ທາງອອກສຸກເສີນ

Au feu!

ໄຟໄໝ້!

l'extincteur

ນ້ຳດັບເພີງ

l'accident

ອຸປະຕິເຫດ

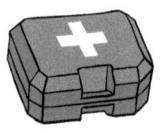

la trousse de premier
secours

ຊຸດປະຖົມພະຍາບານຂັ້ນຕົ້ນ

SOS

ສັນຍານຂໍຄວາມຊ່ວຍເຫຼືອ

la police

ຕຳຫຼວດ

l'Europe

ເອີຣົບ

l'Amérique du Nord

ອາເມລິກາເໜືອ

l'Amérique du Sud

ອາເມລິກາໃຕ້

l'Afrique

ອາຟຣິກາ

l'Asie

ເອເຊຍ

l'Australie

ອອສເຕຣເລຍ

l'Océan atlantique

ແອດແລນຕິກ

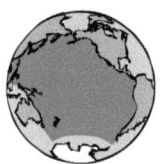

l'Océan pacifique

ປາຊິຟິກ

l'Océan indien

ມະຫາສະໜຸດອິນເດຍ

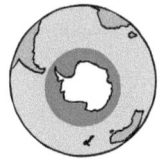

l'Océan antarctique

ມະຫາສະໜຸດແອນຕາຣຕິກ

l'Océan arctique

ມະຫາສະໜຸດອາກຕິກ

le Pôle nord

ຂົ້ວໂລກເໜືອ

le Pôle sud

ຂົ້ວໂລກໃຕ້

l'Antarctique

ແອນຕາຣຕິກາ

la terre

ໂລກ

le pays

ດິນ

la mer

ທະເລ

l'île

ເກາະ

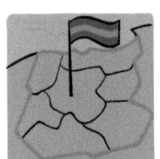

la nation

ຊາດ / ປະເທດຊາດ

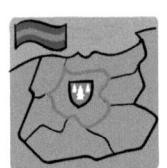

l'état

ລັດ

le cadran

ໜ້າປັດໂມງ

l'aiguille des heures

ເຂັມໂມງ

l'aiguille des minutes

ເຂັມນາທີ

l'aiguille des secondes

ເຂັມວິນາທີ

Quelle heure est-il ?

ຈັກໂມງແລ້ວ?

le jour

ວັນ

le temps

ເວລາ

maintenant

ຕອນນີ້

la montre digitale

ໂມງດີຈິຕອລ

la minute

ນາທີ

l'heure

ຊົ່ວໂມງ

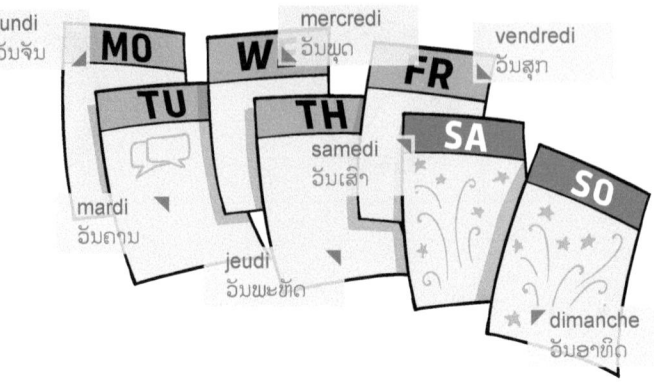

lundi
ອັນຈັນ

mercredi
ອັນພຸດ

vendredi
ອັນສຸກ

mardi
ອັນຄານ

samedi
ອັນເສົາ

jeudi
ອັນພະຫັດ

dimanche
ອັນອາທິດ

hier
ມື້ວານນີ້

aujourd'hui
ມື້ນີ້

demain
ມື້ອື່ນ

le matin
ຕອນເຊົ້າ

le midi
ຕອນທ່ຽງ

le soir
ຕອນແລງ

les jours ouvrables
ວັນເຮັດວຽກ

le week-end
ທ້າຍສັບປະດາ

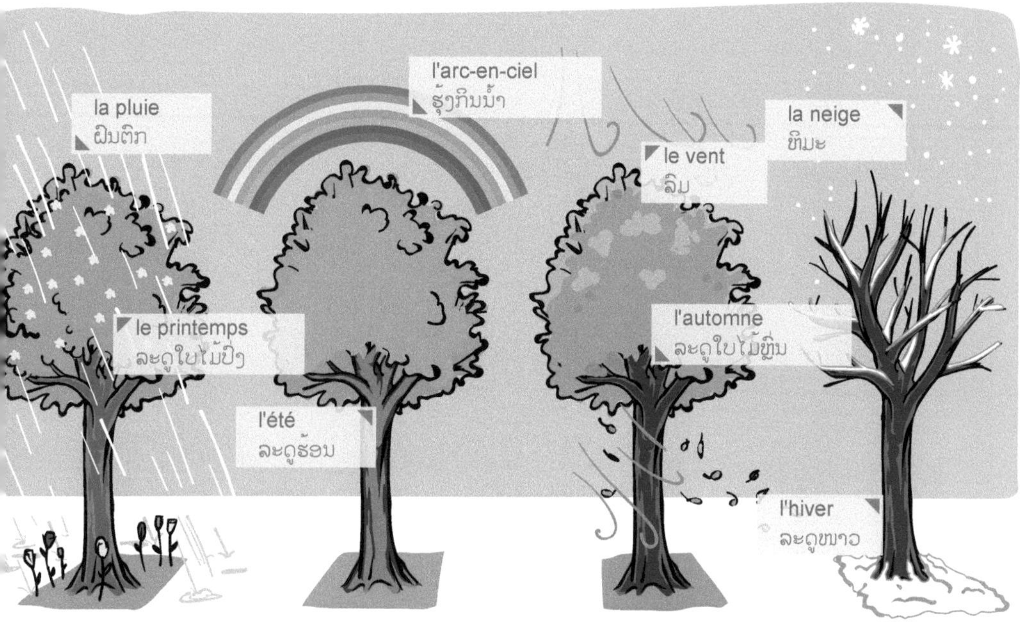

l'arc-en-ciel
ຮຸ້ງກິນນ້ຳ
la pluie
ຝົນຕົກ
la neige
ຫິມະ
le vent
ລົມ
le printemps
ລະດູໃບໄມ້ປົ່ງ
l'automne
ລະດູໃບໄມ້ຫຼົ່ນ
l'été
ລະດູຮ້ອນ
l'hiver
ລະດູໜາວ

4.APRIL 11°
5.APRIL 4°
6.APRIL 13°
7.APRIL 8°
8.APRIL 10°

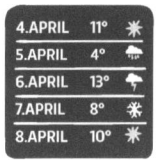

la météo
ການພະຍາກອນອາກາດ

F
120
90
60
30
0
-30
C
40
30
20
10
0
-10
-20

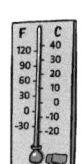

le thermomètre
ເຄື່ອງວັດອຸນຫະພູມ

la lumière du soleil
ແສງແດດ

le nuage
ຂີ້ເຝື້ອ

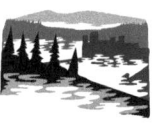

le brouillard
ໝອກ

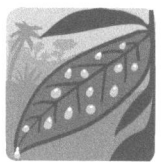

l'humidité
ຄວາມຊຸ່ມ

la foudre

ສາຍຟ້າແມບ

la tonnerre

ຟ້າຮ້ອງ

la tempête

ພະຍຸ

la grêle

ໝາກເຫັບ

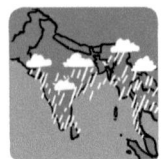

la mousson

ລົມມໍລະສຸມ

l'inondation

ນ້ຳຖ້ວມ

la glace

ນ້ຳກອນ

janvier

ມັງກອນ

février

ກຸມພາ

mars

ມີນາ

avril

ເມສາ

mai

ພຶດສະພາ

juin

ມິຖຸນາ

juillet

ກໍລະກົດ

août

ສິງຫາ

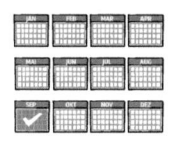

septembre

ກັນຍາ

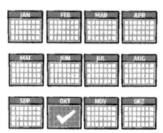

octobre

ຕຸລາ

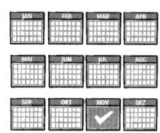

novembre

ພະຈິກ

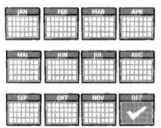

décembre

ທັນວາ

les formes

ຮູບຮ່າງ

le cercle

ວົງມິນ

le carré

ສີ່ຫຼ່ຽມ

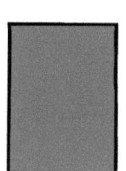

le rectangle

ຮູບສີ່ຫຼ່ຽມມຸມສາກ

le triangle

ສາມຫຼ່ຽມ

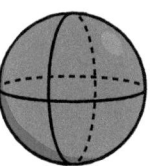

la sphère

ໜວຍກົມ

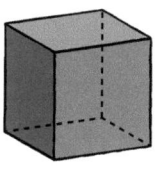

le cube

ຮູບສີ່ຫຼ່ຽມມິນທົນ

blanc

ສີຂາວ

jaune

ສີເຫຼືອງ

orange

ສີສົ້ມ

rose

ສີບົວ

rouge

ສີແດງ

violet

ສີມ່ວງ

bleu

ສີຟ້າ

vert

ສີຂຽວ

marron

ສີນ້ຳຕານ

gris

ສີເທົາ

noir

ສີດຳ

beaucoup / peu

ຫຼາຍ / ນ້ອຍ

fâché / calme

ໃຈຮ້າຍ / ໃຈເຢັນ

joli / laid

ງາມ / ຂີ້ຮ້າຍ

le début / la fin

ການເລີ່ມຕົ້ນ / ການສິ້ນສຸດ

grand / petit

ໃຫຍ່ / ນ້ອຍ

clair / obscure

ແຈ້ງ / ມືດ

frère / soeur

ນ້ອງຊາຍຫຼືອ້າຍ /
ນ້ອງສາວຫຼືເອື້ອຍ

propre / sale

ສະອາດ / ເປື້ອນ

complet / incomplet

ສຳເລັດ / ບໍ່ສຳເລັດ

le jour / la nuit

ກາງວັນ / ກາງຄືນ

mort / vivant

ຕາຍ / ມີຊີວິດ

large / étroit

ກວ້າງ / ແຄບ

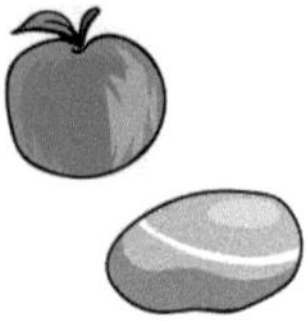

comestible / incomestible

ກິນໄດ້ / ກິນບໍ່ໄດ້

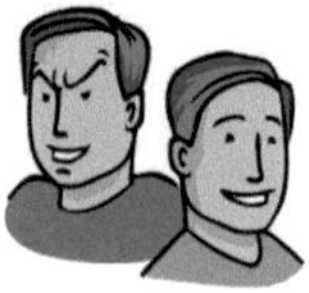

méchant / gentil

ຊົ່ວຮ້າຍ / ໃຈດີ

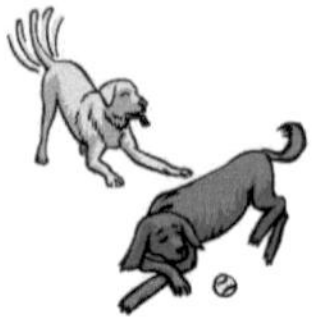

excité / ennuyé

ໜ້າຕື່ນເຕັ້ນ / ໜ້າເບື່ອ

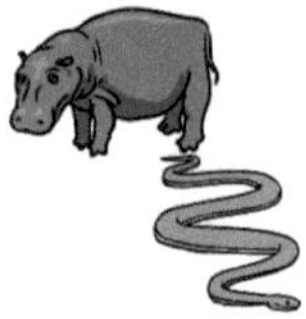

gros / mince

ອ້ວນ / ຈ່ອຍ

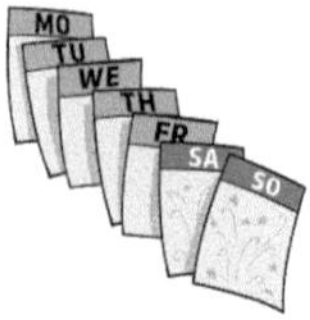

le premier / le dernier

ທຳອິດ / ສຸດທ້າຍ

l'ami / l'ennemi

ເພື່ອນ / ສັດຕູ

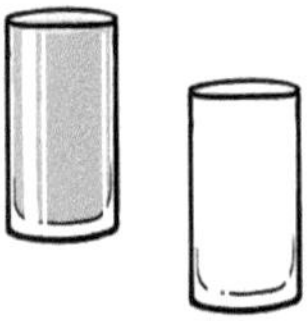

plein / vide

ເຕັມ / ວ່າງເປົ່າ

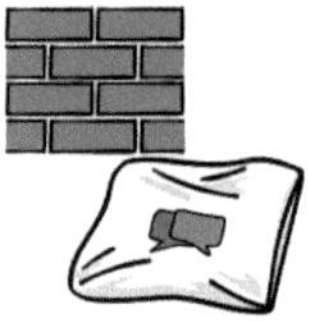

dur / souple

ແຂງ / ນຸ້ມ

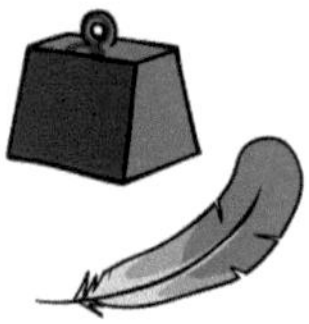

lourd / léger

ໜັກ / ເບົາ

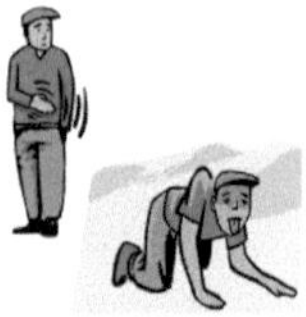

faim / soif

ຄວາມຫິວ / ຄວາມຫິວນ້ຳ

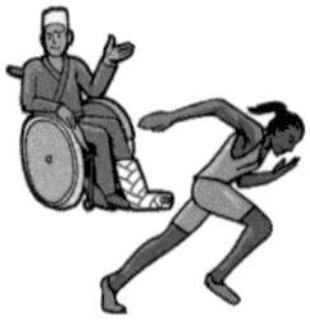

malade / sain

ໄຂ້ / ສຸຂະພາບດີ

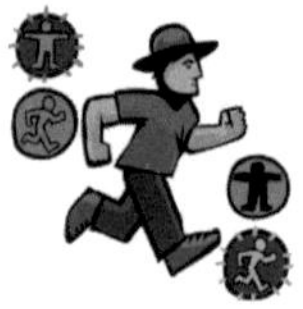

illégal / légal

ຜິດກົດໝາຍ / ຖືກກົດໝາຍ

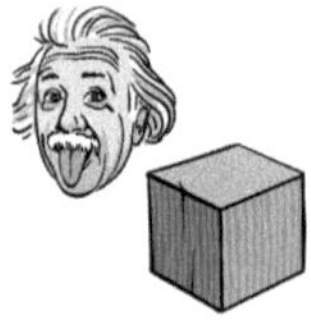

intelligent / stupide

ສະຫຼາດ / ໂງ່

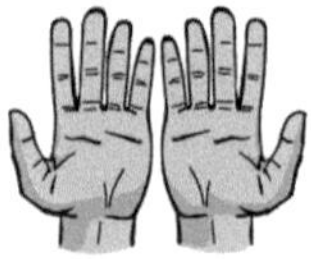

gauche / droite

ຊ້າຍ / ຂວາ

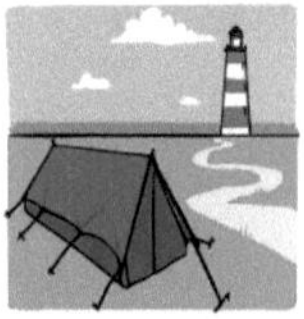

proche / loin

ໃກ້ / ໄກ

nouveau / usé

ໃໝ່ / ໃຊ້ແລ້ວ

rien / quelque chose

ບໍ່ມີຫຍັງ / ບາງສິ່ງບາງຢ່າງ

vieux / jeune

ແກ່ / ໜຸ່ມ

marche / arrêt

ເປີດ / ປິດ

ouvert / fermé

ເປີດ / ປິດ

faible / fort

ຼຽບ / ດັງ

riche / pauvre

ຮັ່ງມີ / ຍາກຈົນ

correct / incorrect

ຖືກ / ຜິດ

rugueux / lisse

ບໍ່ລຽບ / ລຽບ

triste / heureux

ໂສກເສົ້າ / ດີໃຈ

court / long

ສັ້ນ / ຍາວ

lent / rapide

ຊ້າ / ໄວ

mouillé / sec

ປຽກ / ແຫ້ງ

chaud / froid

ອົບອຸ່ນ / ໜາວເຢັນ

la guerre / la paix

ສົງຄາມ / ສັນຕິພາບ

les oppositions - ກົງກັນຂ້າມ

0

zéro

ສູນ

1

un / une

ໜຶ່ງ

2

deux

ສອງ

3

trois

ສາມ

4

quatre

ສີ່

5

cinq

ຫ້າ

6

six

ຫົກ

7

sept

ເຈັດ

8

huit

ແປດ

9

neuf

ເກົ້າ

10

dix

ສິບ

11

onze

ສິບເອັດ

12

douze

ສິບສອງ

13

treize

ສິບສາມ

14

quatorze

ສິບສີ່

15

quinze

ສິບຫ້າ

16

seize

ສິບຫົກ

17

dix-sept

ສິບເຈັດ

18

dix-huit

ສິບແປດ

19

dix-neuf

ສິບເກົ້າ

20

vingt

ຊາວ

100

cent

ໜຶ່ງຮ້ອຍ

1.000

mille

ໜຶ່ງພັນ

1.000.000

le million

ໜຶ່ງລ້ານ

l'anglais

ພາສາອັງກິດ

l'anglais américain

ພາສາອັງກິດແບບອາເມລິກັນ

le chinois mandarin

ພາສາຈິນແມນດາຣິນ

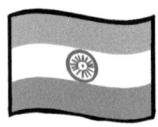

le hindi

ພາສາຮິນດີ

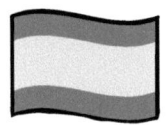

l'espagnol

ພາສາສະເປນ

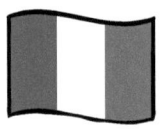

le français

ພາສາຝຣັ່ງເສດ

l'arabe

ພາສາອາຣັບ

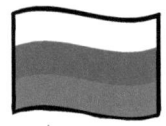

le russe

ພາສາຣັດເຊຍ

le portugais

ພາສາປ໊ອກຕຸຍການ

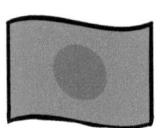

le bengali

ພາສາແບງກາອລ

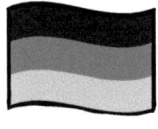

l'allemand

ພາສາເຢຍລະມັນ

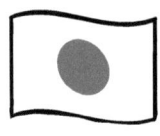

le japonais

ພາສາຍີ່ປຸ່ນ

je
ຂ້ອຍ

tu
ເຈົ້າ

il / elle / ce, c', cela
ລາວ (ຜູ້ຊາຍ) / ລາວ (ຜູ້ຍິງ) / ມັນ

nous
ພວກເຮົາ

vous
ພວກເຈົ້າ

ils / elles
ພວກເຮົາ

Qui ?
ໃສ?

Quoi ?
ແມ່ນຫຍັງ?

Comment ?
ແນວໃດ?

Où ?
ຢູ່ໃສ?

Quand ?
ເມື່ອໃດ?

le nom
ຊື່

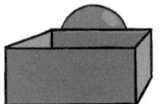

derrière

ຢູ່ທາງຫຼັງ

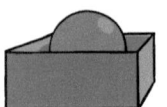

dans

ໃນ

devant

ຢູ່ທາງໜ້າ

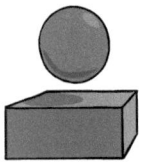

au-dessus

ເໜືອກວ່າ

sur

ຢູ່ເທິງ

en-dessous

ຢູ່ກ້ອງ

à côté de

ທາງຂ້າງ

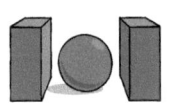

entre

ຢູ່ລະຫວ່າງ

le lieu

ສະຖານທີ່